絶対、運が良くなる！

インテリア風水

李家幽竹
Yuchiku Rinoie

ダイヤモンド社

はじめに
運気を上げるために、住空間を変えることから始めましょう

家は、あなたの運気を生み出す、最も大切な場所。

もし、あなたが、「幸せになりたい」「願いを叶えたい」と思っているならば、まずは住空間を変えることから始めてみましょう。

「うちは狭いから」「インテリアにお金をかけたくないから」、そんな風に思う人も多いと思います。

ですが、風水で大切なのは空間の広さやお金をかけることではなく、どれだけ空間に「気」をかけられるか、ということなのです。

住空間にかけた「気」は、そのまま「運気」となって自分や家族に返ってきます。

運のいい人が住む家とは、お金をかけた家ではなく、空間全体がきちんと活用され、住む人の気が行きわたり、またその空間から充実を得られる家のことを指

すのです。

旅行、パワースポット、ファッション、食など、さまざまな風水を実践なさっている方も多いと思います。もちろん、そのどの風水も運気を呼び込むために大切なものですが、そこから得た運気を定着させるためには、住空間を見直すことが大切。

住空間をおろそかにする人に訪れる運気はないと、風水では考えるのです。

私は今まで多くの本を書かせていただいておりますが、本書ほど詳しくインテリア風水についてお話ししている書籍はありません。

この本は**「インテリア風水の教科書」**として、陽宅風水を実践するうえで大切なことを余すところなくすべて記した、私にとっても特別な本。

みなさまがこの本を**「運気のバイブル」**として活用し、この先の人生を大きく変えていくきっかけになれば幸いに思います。

李家幽竹

絶対、運が良くなる！インテリア風水

もくじ

Chapter 5

「ほしい運気」を手に入れる部屋づくり

Chapter 6

インテリア風水 8つの法則と9つのルール

Chapter 7 運気を上げる「捨て方」風水

Chapter 8 家や土地を買うときの風水アドバイス

Chapter 9 幸運を呼ぶ日取りの決め方

Chapter 10 これでお悩み解決！インテリア風水Q&A

Chapter 1

運が良くなる！インテリア風水部屋別おすすめプラン

「とにかくインテリア風水をやってみたい！」という方のために、玄関、キッチン、リビングなど、部屋別のおすすめプランを紹介します。

インテリア風水の
部屋別おすすめ
プラン

玄関、キッチン、トイレ……
それぞれの場所に合ったインテリアを選びましょう

Chapter1では、家の中のそれぞれの場所がもつ運気と、その場所に合ったインテリアのコーディネートプランをご紹介します。

たとえば玄関は気の入り口、キッチンは食を扱う場所というように、家の中の場所にはそれぞれ異なる役割や性質があります。その役割や性質が、それぞれの場所の運気を形づくっているのです。

インテリア風水の基本は、Chapter4でご紹介する「座山《ざざん》」（家の方位）に合わせて色やテイストを整えることですが、その前に、それぞれの場所がもつ運気や特徴をしっかり頭に入れておきましょう。

インテリア風水の
部屋別おすすめプラン

… *1* …

玄関

Entrance

運のいい家にしたいなら まず玄関をきれいに！

玄関はすべての気の入り口。運気を上昇させるよい気（旺気《おうき》）も、運気を下げる悪い気（さっ気）も、すべてここ（玄関）から入ってきます。

どの気がどれくらい入ってくるかは、玄関の状態次第。清潔できれいな玄関には旺気が、ごちゃごちゃして汚れた玄関にはさっ気が集まってきます。ですから、運のいい家にしたいなら、まず玄関をきれいにしておかなければなりません。

特に大切なのは、床。さっ気は下から這いずるように入ってくるので、床は毎日水ぶきしましょう。玄関マットも必ず敷いて。

さらに、花を飾ったりよい香りを漂わせたりすると、旺気が入りやすくなります。

運が良くなる!

玄関のおすすめプラン

玄関マットは必ず敷いて、傘は見えないところに収納

インテリア風水の
部屋別
おすすめプラン
… 1 …
玄関
Entrance

① 玄関マット

玄関マットは、旺気だけを招き入れ、さっ気をブロックするフィルターのようなものなので、必ず敷きましょう。素材はコットンやリネン、ウールなどの天然素材が◎。敷きっぱなしにせず、こまめに洗濯することも大切です。水洗いできない素材なら、晴れた日に外に干して日光で悪い気を浄化して。

② ライト

旺気は「陽」の気を好むので、玄関は常に明るくしておきましょう。玄関に窓がない場合は、サブライトをいつもつけておくなどの気配りを。LEDライトなら、つけっぱなしでもさほどコストはかかりません。

③ 鏡

玄関に鏡を置く場合は、鏡の面が太陽の方角(東~南)を向くようにしましょう。どうしてもその方角に向けられない場合は、花やグリーンなど生気のあるものを映して。また、玄関のドアの真正面に鏡をかけるのはNG。入ってくる気をはね返してしまいます。

④ 傘立て

傘立ては雨が降ったときだけ出し、そうでないときは見えないところに収納しておくのがベスト。また、傘は家族の人数分だけあれば十分です。多すぎる場合は使わないものを処分して減らしましょう。

⑤ 花、観葉植物

花や観葉植物など、生気のあるものを飾っておくと、さっ気を遠ざけ、旺気を呼び寄せてくれ

運が良くなる!

玄関のおすすめプラン

ます。なお、ドライフラワーは生花の代わりにはなりません。逆にさっ気を引き寄せてしまうので気をつけて。

⑥香り

よい香りを漂わせると旺気が入ってきやすくなります。リードディフューザーなど、火を使わないものがおすすめ。

⑦オルゴール

旺気はいい音に惹かれてやってくるので、きれいな音のするオルゴールやウインドチャイムはラッキーアイテム。出かけるときにオルゴールのねじを巻いて鳴らしていくのもおすすめです。

玄関収納のOKポイント

履かない靴はげた箱に。たたきに出しっぱなしは×

玄関のたたきに靴を出しっぱなしにするのは、主人の頭を靴で踏みつけているようなもの。その家に住む女性の縁にも悪影響を及ぼします。たたきに出しておく靴は1人につき1足。それ以外の靴はげた箱にしまっておきましょう。げた箱に入りきらない靴は、クラフトやラタンのボックスに収納して。3年以上履いていない靴は、今後も履かないと考えて処分しましょう。

カジュアルな靴は上段、フォーマルな靴は下段に収納

サンダルやミュール、スニーカーなどの軽やかでカジュアルな靴はげた箱の上段に、パンプスや革靴など、どちらかというとフォーマルな靴は下段に収納しましょう。また、新しい靴や流行の靴は「木」の気をもっているので上段に、「土」の気が強い定番の靴は下段にしまいます。なお、家族の靴は、女性の靴を上、男性の靴を下に。お子さんがいるなら、お子さんの靴を最上段に置きましょう。

インテリア風水の
部屋別
おすすめプラン
… 1 …
玄関
Entrance

玄関掃除のOKポイント

たたきは毎日水ぶきを。フロアモップでもOK

玄関で一番重要な場所は床。さっ気は床から這い上がるように侵入してくるので、どんなに忙しくても、たたきだけは毎日隅々まで水ぶきすることをおすすめします。手でふくのが大変なら、ウェットタイプのフロアモップでもOK。水ぶきすることで物理的な汚れだけでなく、大地にこもった悪い気も浄化できます。

ドアはノブ→内側→外側の順にふきましょう

玄関のドアも定期的に水ぶきしましょう。ドアをふくときは、まずドアノブをきれいにふいてからドアの内側→外側の順にふいていきます。ドアノブは、家に入るとき最初につかむ場所なので、ここをきれいに磨いておくと、旺気が入ってきやすくなります。

げた箱は週1回は換気し、棚板をふいて浄化を

げた箱は臭いや湿気がこもりがちなので、週に1回は30分程度扉を開けたままにして風を通しましょう。靴が外から持ち帰ってくる悪い気が棚板につくので、棚板もときどき塩水でふき掃除を。

なお、自分の運気を変えたいときや大切な人に会うなど楽しい予定があるときは、履いていく靴の靴底をふいてから出かけると、外出先で幸運に出会いやすくなります。

ついやってしまいがち！

玄関のNGポイント

インテリア風水の
部屋別
おすすめプラン
… 1 …
玄関
Entrance

犬の置物や写真は悪い変化を招きます

玄関に犬の置物やぬいぐるみ、写真などを飾ると、ケガや事故などの悪い変化が起きやすくなります。犬グッズはリビングなど、玄関以外の場所に飾りましょう。ペットとして犬を飼っている場合は、玄関に犬用のケージを置くのもNG。すべての気を犬が吸ってしまうため、家によい気が入ってこないばかりか、犬が病気にかかる可能性も高くなります。

花瓶やつぼを飾るなら中に穴の空いたコインを

つぼや花瓶など、口のすぼまった器を玄関に飾る場合、花を生けて花瓶として使う分にはいいのですが、空のまま飾っている人は要注意。中身を入れずにインテリアとして置いておきたいなら、フタで口をふさぐのがベスト。ちょうどいいフタがない場合は、中に穴の空いたコインを入れておきましょう。なお、絵皿など平たい器はそのまま飾っておいても問題ありません。

人物のポスターや写真は玄関の正面には飾らない

こちらに目線を向けている人物の写真や絵を玄関の正面にかけると、せっかく玄関から入ってきた気をはね返してしまいます。飾るなら、目線がこちらに向いていないものを選ぶか、正面以外の場所に飾るようにしましょう。

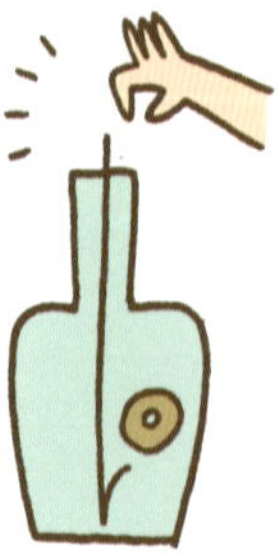

インテリア風水の
部屋別おすすめプラン

… 2 …

キッチン
Kitchen

「火」と「水」のバランスに気を配ること！

食を扱うキッチンは、その家の金運をつかさどる場所。

「火」と「水」という相反する要素が同じ空間にあるため、気のバランスが崩れやすいのが最大の難点です。

キッチンを運のいい場所にするポイントは、冷蔵庫やシンクなど「水」に属するものと、コンロや電子レンジなどの「火」に属するものを混在させないこと。また、水まわり、コンロまわりは常に清浄にしておきましょう。まな板やふきんなどもこまめに除菌を。さらに、陶器のキャニスターなど、「土」のアイテムを取り入れると、「火」をいい状態に保ちやすくなります。

運が良くなる!

キッチンのおすすめプラン

テーブルは木製で四角いもの、食器棚は扉つきがベスト

① キッチンマット

「火」の気を中和してくれるアイテムです。おすすめの素材はコットン。汚れやすいので、こまめに洗いましょう。

なお、床が「土」の気をもつテラコッタやタイルなら、マットは敷かなくてもOKです。

② 浄水器

きれいな水は豊かさを生み出してくれるので、ぜひ浄水器をつけて。飲み水やお米をとぐ水はもちろん、食器を洗うときも、最後のすすぎには浄水を使うことをおすすめします。

③ ゴミ箱

ゴミが発する陰の気がキッチンに広がらないよう、フタつきのものを選びましょう。おすすめは木製やステンレス製。プラスチック製は金運を落とすので避けて。生ゴミ用はこまめに丸洗いを。

④ シンク

水あかは悪い「水」の気なので、こまめに磨くこと。また、シンクに生ゴミをためておくとそこから陰の気が広がるので、三角コーナーは置かないで。洗い桶に水をためるのもNGです。

⑤ 炊飯器

炊飯器は、かまどの「火」を表します。主義主張が激しすぎると、「火」の気が突出してしまうので、インテリアになじむデザインのものを選びましょう。家族の人数に合う容量、大きさであることも大切です。

⑥ カーテン

キッチンに窓がある場合、カーテンがかかっていないと、金運がそこから逃げてしまいます。大きさにかかわらず、窓があるのなら、カフェカーテンをかけましょう。透け感のあるレース

インテリア風水の
部屋別
おすすめプラン
… 2 …
キッチン
Kitchen

運が良くなる！
キッチンのおすすめプラン

やチュールなど、光を遮らない、軽やかなものがおすすめです。

⑦白い陶器

「土」の気をもつ陶器は、強すぎる「火」の気を抑える作用があるので、積極的に取り入れて。また、水まわりに白い陶器を置くと、「水」をクリアにしてくれる効果があります。食器用洗剤を白い陶器の詰替用ボトルに入れて使うのもおすすめです。

⑧遊び心のあるキッチン雑貨

キッチンタイマーやペーパーホルダーなどを遊び心のあるデザインにすると金運アップ。ただし、飾りではなく実際に使うことが条件です。

キッチン収納のOKポイント

食品や油はコンロの下、シンク下には調理用具や水を

食品類はすべて「火」の気をもっているので、「水」の気をもつシンク下に置くのはNG。食べ物のもつ生命力が弱まってしまいます。

調味料やパスタ、米などは、パントリーなどの収納スペースか、コンロ下に収納しましょう。サラダ油やオリーブ油も「火」に属するものなので、コンロの下が正解。

シンクの下には、鍋やボウル、買い置きのミネラルウォーターなどを収納しましょう。

収納アイテムは統一&ラベリングして

調味料入れや食品ストックを入れるボックス、キャニスターなどは素材やデザインを統一して。ボックスにはラベルをつけ、中身がひと目で分かるようにしましょう。

キャニスターは陶器かガラス製がおすすめ。ガラスの場合、油汚れなどがつくと「水」の気が淀んで運気が下がるので、常にきれいにしておく必要があります。悪い「火」の気を発するプラスチック製品は極力避けましょう。

床下収納には食品以外のものを

床下収納には、普段使わない食器や調理用具などを収納しましょう。買い置きの調味料や食品などは、生命力が落ちてしまうので床下には入れないこと。ただし、ぬか漬けや味噌、梅酒、塩麹などの発酵食品は入れてもかまいません。

インテリア風水の
部屋別
おすすめプラン
… 2 …
キッチン
Kitchen

キッチン掃除のOKポイント

基本は水ぶき 水あかやぬめりを残さない！

キッチン掃除の基本は、水ぶき。キッチンにこもった悪い気は水でしか浄化できないので、かたく絞ったぞうきんでしっかりとふき清めましょう。ぞうきんを絞る水に重曹を少し加えると、浄化効果がさらにアップします。

シンクや蛇口まわりは、水あかがつかないようにこまめに水気をふき取って。排水口のぬめりや臭いも金運ダウンのもとですから、定期的に掃除しましょう。

雑菌は金毒のエサ。アルコールでこまめに除菌

三角コーナーや洗い桶はなるべく置かず、シンクは使い終わったら水気をふき取ってアルコールスプレーを吹きかけておきましょう。食器洗い用のスポンジもこまめに消毒。金毒《ごんどく》のエサとなる雑菌を発生させないことが大切です。

ふきんや手ふきタオルは一度使ったらすぐ洗濯する、まな板はときどき日に干すなど、万全の除菌対策を。冷蔵庫も定期的に中身を空にしてアルコールでふきましょう。

油汚れや焦げつきはその都度落とす

コンロまわりの油はねや魚焼きグリルの焦げつきは、悪い「火」を生み、衝動買いや無駄遣いを誘発します。コンロを使ったらその都度周囲をサッとふく習慣をつけましょう。

コンロのまわりにキッチンツールや調味料入れなどを出しておくのも油汚れの原因に。出しておくものは厳選し、使う頻度が低いものは引き出しや戸棚にしまいましょう。

キッチンのNGポイント

ついやってしまいがち！

冷蔵庫＋電子レンジ＝「貧乏セット」！

冷蔵庫の上に電子レンジを置くのは、「貧乏セット」。電子レンジが発する電磁波（＝強い「火」）と冷蔵庫のもつ強い「水」がぶつかり合って、一瞬でお金がなくなってしまうので、絶対にやめましょう。

電子レンジや炊飯器は、木製かステンレス製のキッチンワゴン、もしくは調理台の上に置くのがベスト。冷蔵庫の上にしか置けない場合は、レンジラックなどを使って冷蔵庫とレンジの間に空間をつくって。

赤いもの、プラスチック、焦げた鍋は金運を燃やす

赤は「火」の気をもつ色なので、キッチンでは使わないで。「火」の気を発するプラスチック製品やシリコンのキッチンツールも同様。出しっぱなしにせず、使わないときは、引き出しの中など見えないところに収納しておきましょう。

また、「焦げ」も悪い「火」の気を発するので、底が焦げついた鍋をそのまま使い続けるのはやめましょう。使うなら、重曹などで焦げをきちんと落として。

切れない包丁、黒ずんだまな板は即買い替えを

包丁は「金」の気をもつアイテム。素材は問いませんから、よく切れるものを使い、切れなくなったら研ぐか買い替えを。また、包丁は刃の部分が見えていると金運が落ちるので、刃が見えないように収納を。キッチンばさみも同様です。

まな板は金運のベースになるので、プラスチック製は避けて。木やガラス製がベストですが、雑菌が繁殖しないよう注意。黒ずんだら買い替えを。

インテリア風水の
部屋別おすすめプラン
… 3 …

ダイニング
Dining Room

テーブルよりもイスにこだわって！

ダイニングは、家族が集まって食事をする場所。

人は食事をするときに、食べたものから運を得るだけでなく、周囲の環境からも運を吸収しています。ダイニングの環境は、そのままその人の運の土台になるのです。くれぐれも、テーブルの上やその周辺にごちゃごちゃ物を置かないようにしましょう。文房具や雑誌などをテーブルに置きっぱなしにすると、金運や健康運が著しくダウンするので気をつけて。

また、日本人はイスよりテーブルを重視する傾向がありますが、ダイニングで最も大切なのはイス。必ず実際に座ってみて、座り心地を確かめてから買いましょう。

運が良くなる！

ダイニングのおすすめプラン

テーブルは木製で四角いもの、食器棚は扉つきがベスト

①ダイニングテーブル

木製で四角いものがベスト。丸テーブルは食べ物から運をもらう力が弱いので、必ず四角いランチョンマットを敷きましょう。楕円形のテーブルは、直線の部分に座れば問題ありません。

②ランチョンマット

ランチョンマットを敷くのは、食べ物のもつ気を体内に取り込みやすくするためです。素材は麻やコットン、竹、木、ラタンなど、天然素材のものが◎。和紙をマット代わりにするのもおすすめです。

③花

ダイニングテーブルの中央には一輪でもいいので花を飾りましょう。食事のたびに、花のもつ生気を取り込むことができます。

④イス

イスの座り心地は、運を大きく左右するポイント。2時間座っていても疲れないものを選びましょう。ひじ掛けがついているものがベスト。座面がかたい場合はチェアパッドやクッションを敷いて座り心地をよくしましょう。

⑤食器棚

扉つきのものがベストです。オープンタイプの棚で見せる収納を楽しむのもおすすめです。ただし、グラスやカップ類などを扉のない棚に収納すると、旺気が器の中に吸い込まれてしまうので注意しましょう。カップを伏せて置くか、カップの中にキャンディやビー玉を入れておけば問題ありません。

インテリア風水の部屋別おすすめプラン …3… ダイニング Dining Room

運が良くなる!

ダイニングのおすすめプラン

ダイニング収納の〇Kポイント

インテリア風水の
部屋別
おすすめプラン
… 3 …
ダイニング
Dining Room

①重いものは下、軽いものは上

食器棚は大皿のような重いものを下の段に、軽いものを上の段に収納するのが基本。重いものを上に置くと、周囲からプレッシャーをかけられたり束縛を受けたりすることが多くなります。

②陶器は下、ガラスは上

陶器は「土」、ガラスの器は「水」（ただし、明るいところでは「火」）の気をもっています。「土」と「水」が混じり合うと、運気の土台がぬかるんで流れてしまうので、ガラスの器と陶器は同じ段に置かないようにしましょう。ガラスの器は目線より上の段に、陶器はそれより下に収納して。

③お菓子や食べ物と食器を一緒に入れない

パンやお菓子などを器と一緒に収納すると、お金に対してルーズになるほか、太りやすくなってしまいます。食器棚に食べ物を収納する場合は、別の引き出しに入れるなど、スペースを分けるようにしましょう。また、雑貨など、食に関係のないものを食器と一緒に並べるのはNGです。

④ナイフとスプーンは別々に

カトラリーを収納するとき、ナイフとスプーンを一緒にしまうと、スプーンのもつ「金」の気をナイフが切ってしまいます。引き出しを別にする必要はありませんが、ナイフとスプーンの間は必ず仕切りなどで区切るか、別々のカゴなどに入れて収納しましょう。なお、ナイフとフォーク、フォークとスプーンは一緒に入れても問題ありません。

テーブルの素材と形、どれを選ぶ？

木

テーブルには最適の素材。食べ物のもつ運気をスムーズに吸収できます。色はナチュラルなライトカラーがおすすめ。

ガラス

透き通ったガラスの天板は、食べ物の運気がすべて下に抜けていってしまうので、食事の際はランチョンマットが必須です。フロストガラスの場合はそこまでではありませんが、マットは敷いたほうが◎。

石

大理石などの石材には「ためる」運気があり、悪くはありませんが、やや陰の気が強いので、暖かみのある色合いのランチョンマットを使うなど、寒々しくならないように気を配りましょう。

長方形

食事用のテーブルとしては、最もおすすめの形。ひとりひとりの前に「面」があるので、食べ物からしっかりと運を吸収できます。角があまり鋭くとがっていないものを選んで。

丸

「面」がないため、食べ物から運をもらいにくい形。食事よりお茶を楽しむカフェテーブルとして使うのに向いています。食事用に使う場合は、必ずランチョンマットを敷いて「面」をつくって。

楕円形

「面」があるのは直線の部分のみ。曲線部分に座ると運がもらいにくいので、食事のときは直線の部分に座るようにしましょう。

八角形

上にのっているものの気を増幅する働きがあります。テーブルセッティングをきちんとし、器選びや盛りつけにも常に気配りできる人ならOKですが、それが面倒な人、テーブルの上にあれこれ物を置く習慣がある人は、避けたほうが無難です。

ちょっと気になる

Q & A

玄関

Q 表札ってかけたほうがいいですか？

A よい運を取り込むためには必要。イニシャルでもOKです

入り口に自分の名前（＝言霊）をかけることで、そこが自分に運を与える空間だということを示すのが表札。表札のない家には旺気は入ってきませんから、一軒家でもマンションでも、玄関には必ず表札をかけましょう。防犯上、名前を表に出したくないなら、わざと読みにくい書体にしたり、イニシャルだけにしたりしてもかまいません。

表札の素材やデザインは、家の外観やイメージに合うものを選びたいもの。おすすめの素材はタイルやテラコッタ。木、ステンレス、大理石なども○。プラスチックはNG。みかげ石も墓石に使う石なので避けましょう。

キッチン

Q 花や観葉植物を置いたほうがいいですか？

A まず掃除と除菌を。花を飾るのはそのあとに

陰陽のバランスが崩れやすいキッチンでは、花や観葉植物を置くとマイナスの気が抑えられ､バランスが整いやすくなります。花は一輪でもいいのでシンクの近くに、観葉植物はコンロまわりに置くと効果的です。

ただし、いくら花やグリーンを置いても、シンクに水あかがついていたり、コンロまわりに油が飛び散っていたりしたらそれだけで運はがた落ちです。まずは掃除と除菌を徹底して。花を飾るのはキッチンをきちんと整えてからにしましょう。

インテリア風水の
部屋別おすすめプラン

… 4 …

リビング

Living Room

家族全員が座って くつろげる環境づくりを

家族が集まるリビングは、その家の中心的な場所。リビングの居心地がいいかどうかで、その家の運が決まります。

最も大切なのは「座る場所」。ソファに家族全員が座れない場合は、クッションなどで座る場所をつくりましょう。一番居心地のいい場所は、その家の主人の指定席に。

また、部屋の四隅のうち1カ所は、家具などを置かずに空けておきましょう。

なお、リビングが子ども中心のスペースになってしまうと、その子の運に大きな負担がかかります。子どものおもちゃや遊具は出しっぱなしにせず、その都度片づけるようにしましょう。

運が良くなる!

リビングのおすすめプラン

ソファは全員が座れるサイズ、中央にラグを

①ソファ

家族全員が座れるソファかイスは必須アイテム。部屋が広く、スペースに余裕があるなら、ソファも大きめサイズを選びましょう。

②クッション

自分に欠けている運を補充してくれます。女性のいる空間なら偶数個、男性だけの空間なら何個でもOK。カバーは季節感のある柄を選び、こまめに取り替えましょう。

③テレビまわり

リビングで過ごす人が最もよく見る場所。リビングでは「見るもの」から運がもらえるので、チープな雑貨や思い入れのないおみやげ品などを置かないようにしましょう。また、ケーブル類はきちんと束ね、裏側にホコリがたまらないよう気配りを。

④サブライト

天井照明のほかに、サブライトも積極的に取り入れましょう。フットライトのように下から照らすタイプがおすすめです。

⑤ラグ

部屋の中央にラグを敷くことで、中央に気が集まりやすくなります。ウールなど天然素材のものがベストですが、アレルギーがあるなら、抗菌・防ダニ加工のものを選んで。

⑥フォトフレーム

親子や夫婦で撮った写真、それに祖父母が加わった写真など、いろいろな「家族」の写真をフレームに入れて飾ると、家族の絆が深まります。誕生日や結婚式など、「はじまり」の日の写真

運が良くなる！
リビングのおすすめプラン

を飾るのも◎。

⑦パソコン
パソコンをリビングテーブルに置きっぱなしにするのはNG。日常的にリビングで使うなら、パソコン専用のスペースを設けましょう。パソコンを使っているときは、ほかの人に背を向ける形にならないように注意を。

⑧コーナー
部屋の四隅すべてを家具などで埋めてしまうと、気が循環しなくなります。1カ所は必ず空けておきましょう。

リビング収納のOKポイント

本は必ず立てて並べ、読まないものは処分

本や雑誌は「情報」(＝「木」)にかかわるアイテム。必要な情報とそれ以外の情報を選別し、必要なものだけを残しましょう。何度も読み返したい本は、本棚にきちんと立てて並べて。横にして積み上げるのは、自分の運をつぶすことになります。

読まない本や古い雑誌はどんどん処分を。特に古い雑誌をため込むと、チャンスに弱い体質をつくることに。必要な情報はファイリングして。

写真はアルバムに貼り、いつでも手に取れる場所に

アルバムや写真は「時」をつかさどるもの。きちんと整理し、いつでも見られるようにしておくことで、積み上げてきた「時」の運気が強まり、この先の運気をサポートしてくれるようになります。

プリントした写真は、アルバムに貼っていつでも見られるところに置いて。積み重ねたりせず、きちんと立てて並べることが大切です。データで保管している人は、撮影した時期やテーマごとに分類を。

DVDはテレビから離してラックや棚に立てて収納

CDやDVDは積み重ねず、立てて棚やラックに収納しましょう。その際、棚やラックはテレビから少し離して置くようにしてください。また、棚やラックはスチール製でも木製でもOK。カゴを使って収納するのもおすすめです。

インテリア風水の部屋別おすすめプラン
… 4 …
リビング
Living Room

リビング掃除の○Kポイント

床にはこまめに掃除機を。四隅にホコリをためない

リビングは「土」の気をもつ場所。「土」の気は低いところにたまりやすいので、床はこまめに掃除機をかけましょう。掃除機で「吸う」ことでゴミやホコリと一緒に悪い気も吸い取ることができます。カーペットの場合は、重曹を振りかけてから掃除機をかけて。また、「土」の気は四隅から生じるので、部屋の隅にホコリをためないこと。本や雑誌を積み上げるのもNGです。

絡み合うケーブルは人間関係がもつれる原因に

パソコンやテレビ、DVDプレーヤーなどのAV機器は、背後がケーブルなどでごちゃごちゃになりがち。これは人間関係のトラブルを引き起こすもと。ケーブルが長すぎる場合はきちんと束ね、絡まらないよう工夫しましょう。また、テレビやパソコンなど、電磁波を発するアイテムにホコリがつくと、悪い「火」の気を発します。画面はもちろん、裏側にもホコリがたまらないように気を配って。

ソファカバーはまめに洗濯を

リビングで最も重要なのは、「座る」場所＝ソファ。ソファにはホコリや小さなゴミなどがたまりやすいので、カバーが取りはずせる場合はこまめに洗濯しましょう。カバーと本体が一体になっている場合は、重曹をふりかけてから、掃除機で吸い取って。

リビングのNGポイント

ついやってしまいがち！

テーブルやソファを黒にすると病の気が

黒は陰が強い色なので、インテリアのメインカラーとして使うのはおすすめできません。特に家族がくつろぐリビングで黒を多用すると、病の気が生じやすくなります。小物などに黒を使う分にはかまいませんが、テーブルの天板やソファなど、メインのアイテムはやめましょう。

なお、ソファの張り地は布がベスト。「火」の気を発するレザーは家族でくつろぐ場所には不向きです。

動物の毛皮、剥製は置かない

動物の毛皮や剥製などは、「死」をイメージさせるアイテム。リビングに飾ると、空間に陰の気が満ち、家全体が死の空間になってしまいます。たとえフェイクでも見た目がリアルなら、「死」をイメージさせることに変わりはありません。いずれにしても、避けたほうが無難です。ポプリやドライフラワーなど、命のない花も「死」を表します。生花が無理なら生花の写真を額に入れて飾りましょう。

子ども中心のリビングは絶対NG

小さいお子さんがいるご家庭の場合、リビングに子ども用のジャングルジムなどの大型遊具を置きっぱなしにしているケースがよく見られますが、これはNG。リビングを子どものためのスペースにすると、家の大黒柱としての負担が子どもにかかってきてしまいます。リビングで子どもを遊ばせる場合、遊び終わったら遊具やおもちゃは片づけ、「家族のスペース」に戻す習慣をつけましょう。

インテリア風水の
部屋別おすすめプラン

… 5 …

寝室

Bed Room

余計な物は置かずに新たな運気を吸収！

寝室は悪い気を浄化し、運を再生させる場所。

人は寝ている間に、その日にためた悪い運を流し、新たな運気を吸収しながら、運を再生させ、定着させていきます。

寝室が乱雑だと、その気が寝ている間に体の中に入ってきてしまうので、余計な物は置かず、スッキリした空間に。パソコンやテレビなど、電磁波を発するものもなるべく置かないようにしましょう。寝心地のよさが運を左右するので、マットレスや枕は自分に合うものを選んで。眠るときによい香りを漂わせたり、起きたときすぐ目に入る場所に花やグリーンを置いたりすると、よりよい運気を吸収できます。

運が良くなる！

寝室のおすすめプラン

カーテンは二重がけ、ベッドサイドには必ず花を

①ベッド

ベッドの下がホコリだらけだと、運の吸収や再生が滞ります。こまめに掃除機をかけて。ただし妊娠中は、自分が寝ている空間の下に「子どもに与える生気」が留まるので、理想はフロアモップなどで手早くホコリを取り除く方法がベスト。掃除機を使う場合は静かに。

②カーテン

寝室のカーテンは二重がけにすると、室内に循環する旺気が空間に留まりやすくなり、運気の吸収がよりスムーズに。その際、レースのカーテンをかけると、縁の運気が循環しやすくなります。

③花＆香り

人は寝ている間に周囲の気を吸収するので、寝室には花など生気のあるものを飾り、よい香りを漂わせておきましょう。特に朝起きてすぐに見るものから多くの運気を吸収するので、ベッドサイドには必ず花を。香りはローズやジャスミンなど、甘いフローラル系の香りがおすすめです。

④ライト

寝室を真っ暗にした状態で眠ると気の流れが止まり、運気の吸収が滞ってしまいます。眠っている間も、フットライトなど小さな明かりをつけておきましょう。

⑤ベッドファブリック

肌に直接ふれるベッドファブリックは、シルクや上質なコットンなど、手触りのいい天然素材のものがおすすめです。カーテンが柄物なら無地に、逆にカーテンが無地なら柄物を取り入れるのも◎。

インテリア風水の部屋別おすすめプラン
… 5 …
寝室
Bed Room

運が良くなる！
寝室のおすすめプラン

なお、花柄は男性の生命力を奪うので、夫婦の寝室にはＮＧ。

⑥鏡・ドレッサー

寝室に鏡を置く場合は、寝ている姿が鏡に映らないように置く場所や角度を調節しましょう。鏡に寝ている姿が映ると、自分が吸収するはずの運を鏡の中の自分と分け合うことになるので、運がどんどん目減りしてしまいます。

⑦目覚まし時計

けたたましい音で鳴る目覚まし時計は運気ダウンのもと。目覚まし音は心地よく目覚められるものを選びましょう。

なお、スマホのアラーム音を目覚まし時計代わりにする場合は、スマホを頭から離れた場所に置くようにしましょう。

寝室収納のOKポイント

扉のある収納家具でごちゃごちゃ感をなくして

寝室の収納は、扉つきの収納家具で「隠す」のが基本。物がごちゃごちゃ見えていると、寝ている間にその気を吸収してしまうからです。物が多いとどうしても散らかりやすいので、余計な物を寝室に持ち込まないことも大切。

また、タンスの上にさらに収納ボックスを置くなど、高い位置に物を置くのは、危険であるだけでなく、運気にも負担をかけることになるので気をつけましょう。

ベッド下には寝具や衣類を収納

ベッド下に収納スペースがある場合は、季節外の衣類や寝具などを収納しましょう。毛皮やドライフラワーなど、「死」に関わるもの、折りたたみ自転車やダイエット器具など、「動」の気をもつものを入れるのはNGです。

また、ベッドの下は自分自身の運気をためておく場所なので、いつも整頓しておきましょう。ホコリがたまりやすい場所なので、こまめに掃除機をかけることも忘れずに。

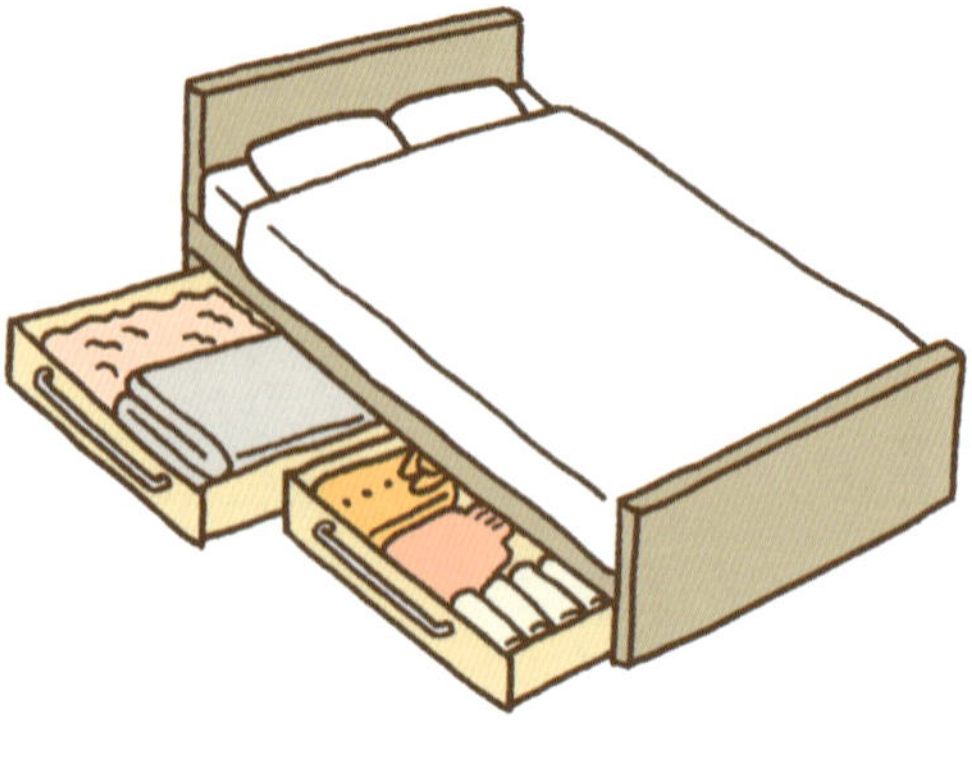

インテリア風水の
部屋別
おすすめプラン
… 5 …
寝室
Bed Room

ついやってしまいがち！

寝室のNGポイント

ぬいぐるみやペットは寝室以外の場所に

ぬいぐるみや人形、フィギュアなど、生き物の形をしたものは空間の気を吸い取ります。つまり、あなたが寝ている間に吸収するはずの運気を奪われてしまうのです。人形やぬいぐるみはリビングなど、寝室以外の場所に飾りましょう。寝人物のポスターを寝室に貼るのもNG。気を吸われてしまうだけでなく、寝ている間に「見られる」ことで運が消耗するからです。ペットも、寝室にはなるべく入れないで。

鏡に寝ている自分を映すと吸収できる運気が半分に

寝室にドレッサーや鏡を置いている場合、鏡に寝ている自分の姿が映らないように気を配りましょう。寝ている間に鏡に姿が映っていると、鏡の中の自分に気を吸われてしまい、運気を半分しか吸収できなくなります。1日2日ならどうということはありませんが、これが続くとどんどん運が落ちていきます。鏡やドレッサーの位置を動かせない場合は、夜だけ布をかけて、自分の姿が映らないように。

運動器具や車輪つきのものはケガやトラブルのもと

ランニングマシーンなどの運動器具は「動」の気をもつアイテム。これらを寝室に置くと、ケガやトラブル、事故のもとになります。特に妊娠している人は母体や胎児に悪い変化が起こりやすくなるので、絶対に寝室には置かないようにしましょう。車輪のついた折りたたみ自転車のようなものも同様にNGです。

Column

枕の向きで運が変わる

寝室で一番重要なのは、
枕の向き。どの方位に頭を向けて
眠るかで、運は大きく
変わってきます。

北枕

年配の方には縁起が悪いと敬遠されがちですが、風水的にはこの向きが最もおすすめ。気は北から南へと流れていくので、頭から吸収した気が足から抜けていくという、最も理想的な形で気を吸収できます。また、「水」の方位である北に頭を向ける＝頭寒足熱の状態になるため、健康運アップにも効果的です。

西枕

日が沈んでいく方位。東枕とは逆に暮れていく気を受けることになるので、老けやすくなります。落ち着きを与えてくれるため、お年寄りの人や病気の人にとっては悪くない方位ですが、子どもを西枕で寝かせていると、老成した雰囲気の子になってしまうので気をつけましょう。

東枕

日が昇っていく方位なので、上昇していく気、伸びゆく気を受けられます。出世したい人や、これから成長する子どもには特におすすめ。東は「時」をつかさどる方位なので、時間にルーズな人や遅刻しがちな人にも向いています。

南枕

最もよくない方位。この方位に頭を向けると、南のもつ「火」の気を受けるのでイライラしやすくなるだけでなく、「水」の気が枯渇してお金がなくなってしまいます。さらに、足が冷えるので健康運にもあまりよくありません。

インテリア風水の
部屋別おすすめプラン
… 6 …

バスルーム・洗面所

Bath Room

換気と乾燥で
愛情・お金・健康運を守る

バスルームは、愛情やお金、健康などをつかさどる「水」の気をもつ場所。豊かな「水」の気が運気を潤し、愛情や美しさを与えてくれる半面、水毒が生じるとお金も愛情もなくなってしまうので気をつけましょう。

運の大敵となるのは、湿気と寒さ、そして雑菌。湿気がたまりやすい場所なので、入浴後は必ず換気して室内を乾燥させましょう。お風呂の残り湯は雑菌の温床になるので、なるべくその日のうちに流して。

また、洗面所は容姿の美しさに関わる場所ですから、汚れた洗濯物などを出しっぱなしにしておかないこと。鏡は常にピカピカにし、鏡に映るものにも気を配って。

運が良くなる！

バスルームのおすすめプラン

シャンプー類は容器を統一、バスチェアは透明なものを

①風呂のフタ

風呂のフタはお湯が冷めるのを防ぐためのものですが、残り湯にフタをすると雑菌が繁殖しやすくなります。入浴後はフタを取り、速やかにお湯を流して。災害時に備えてお湯を残しておく場合も、フタはしないようにしましょう。

②シャワー

水道水に含まれるカルキは運気に大きなダメージを与えるので、シャワーヘッドは浄水機能つきのものがおすすめです。浄水にすると水あかがつきにくくなるのもメリット。

③シャンプー類のボトル

シャンプーやコンディショナー、ボディソープなどは、統一感のあるおしゃれなボトルに詰め替えて見た目をスッキリさせましょう。石けんカスや水あかがつかないよう、こまめに洗っていつも清潔に。

④手おけ・バスチェア

アクリル製の透明なものが◎。水あかがつかないように頻繁に洗い、常に清潔にしておきましょう。木製のものは運気的にはいいのですが、清潔に保つのが難しいので、あまりおすすめできません。

⑤バスマット

珪藻土のものがベスト。乾きが早く、雑菌が繁殖しにくいので、こまめにお手入れできない人にもおすすめです。布製のマットならコットン製が◎。菌が繁殖しないよう、除菌スプレーを吹きかけ、こまめに洗濯を。

インテリア風水の部屋別おすすめプラン
… 6 …
バスルーム・洗面所
Bath Room

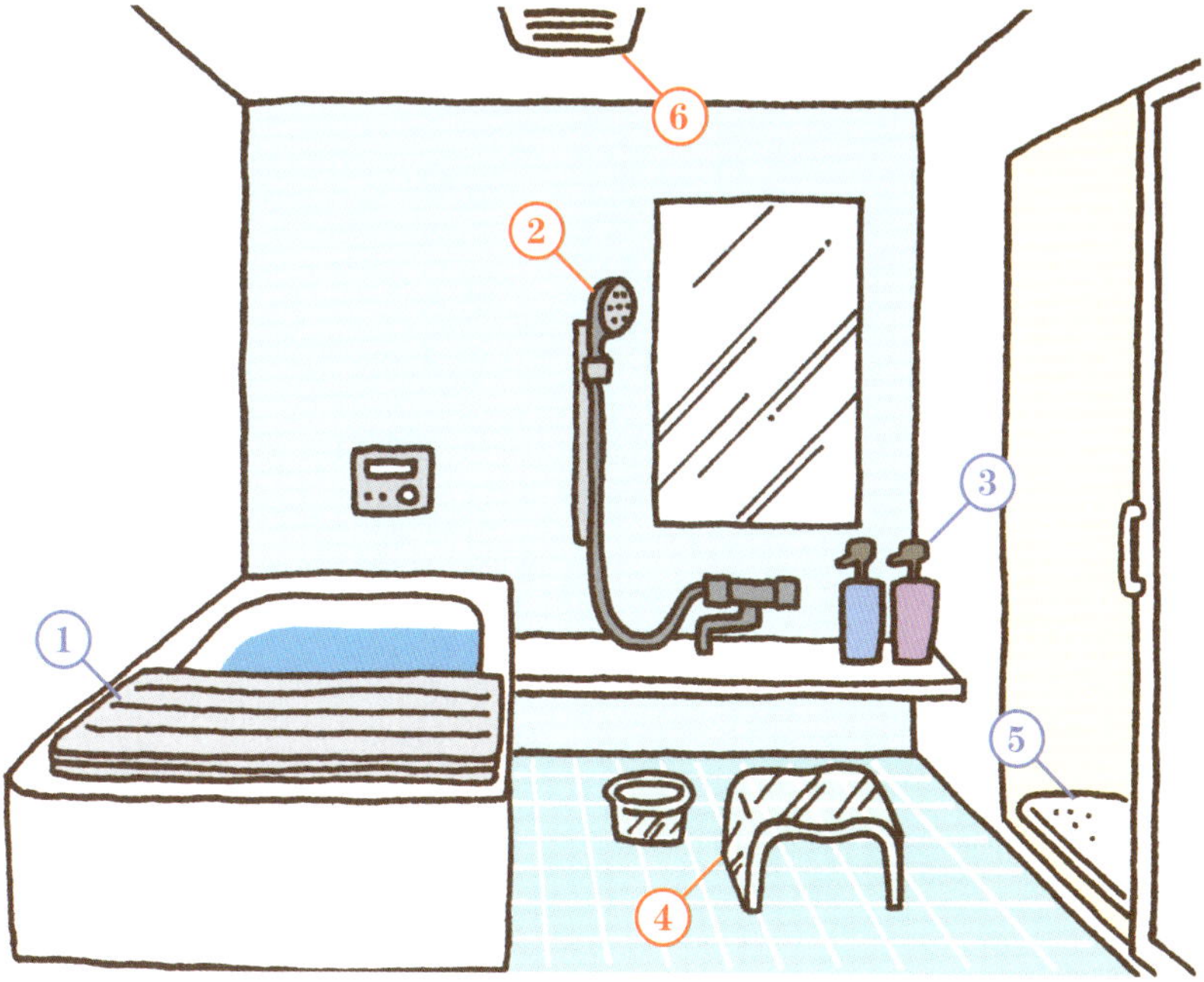

⑥ 換気扇・浴室乾燥機

入浴後は必ず換気扇を回し、こもった湿気を逃がしましょう。浴室乾燥機があれば活用して。

運が良くなる！

洗面所のおすすめプラン

タオルの色柄を統一し、鏡に映る場所を整えて

① タオル

洗面所にかけてある手ふきタオルやバスタオルの色や柄がバラバラだと、インテリアの統一感がなくなってしまいます。

清潔感のある白でそろえるか、家族それぞれで自分の色を決め、それ以外の色は使わないなど、色数を絞って見た目をスッキリさせましょう。

なお、洗面所は「水」のスペースなので、原色やダークカラーは避けて。白か淡いパステルカラーがおすすめです。

② 花

スペースがあれば、一輪でもいいので花を飾りましょう。美しさと愛情運がグンとアップします。鏡の前に置くとより効果的です。

③ 洗濯物入れ

洗濯物などの汚れものは、フタつきのカゴやランドリーボックスに入れておきましょう。

洗濯機の中に入れっぱなしにするのは、雑菌が繁殖しやすくなるのでNG。

④ 鏡に映るもの

洗面所の鏡に映っているものが、その家に住んでいる女性の容姿になるので、鏡に映り込むスペースは、いつもきれいに整えておきましょう。鏡の前に花を飾るのも◎。もちろん鏡自体もピカピカに磨いておいて。

インテリア風水の
部屋別
おすすめプラン
… 6 …
バスルーム・洗面所
Bath Room

運が良くなる！

洗面所のおすすめプラン

バスルーム・洗面所
収納＆掃除の○Kポイント

バスルームに湿気を残さないで

バスルームに湿気が残っていると、菌やカビが発生する原因になります。入浴後は浴槽のお湯を抜き、換気扇を回して室内を乾かしましょう。お風呂上がりに、使ったバスタオルで壁や床の水気をふき取っておくと、より効果的。特にタイルの目地やコーキングはカビが生えやすい部分です。コーキングにカビが生えてしまったら、そこだけ新しくするのもひとつの手。

化学洗剤は運気ダウンのもと

洗面所やバスルームなどの水まわりで化学洗剤を使うと、空間に悪い「火」の気が蔓延してしまいます。お風呂掃除には、なるべく石けんや重曹、クエン酸など、ナチュラルなものを使うようにしましょう。おすすめは重曹。重曹には空間の気をクリアにしてくれる作用があるため、汚れを落とすと同時に、水まわりにこもりやすい水毒も浄化することができます。

掃除用具は目につかない場所に収納を

お風呂掃除用のブラシや洗剤などが目につくところにあると、ビューティー運が落ちてしまいます。これらは洗面所のシンク下など、見えないところに収納するのがベスト。もし出しておくならおしゃれなバケツにまとめるなど、見た目に気を配りましょう。掃除に使うブラシやスポンジをボディブラシなどと一緒に下げておくのもNG。浴室内に置く場合も場所は別々に。

ついやってしまいがち！

バスルーム・洗面所のNGポイント

残り湯を洗濯に使うと運気ダウン！

地震などもしものときのために、お風呂にお湯を張ったままにしておくのはかまいませんが、そのお湯を洗濯に使うのはNG。お風呂の残り湯には、お湯に浸かった体から溶け出した悪い気が溶け込んでいます。そのお湯を洗濯に使えば、悪い気がそのまま衣服や下着などに移ってしまいます。特に縁がほしい女性にとっては致命的なダメージになりますから、絶対にやめましょう。

水まわりに原色は運のバランスを崩す原因に

バスルームや洗面所は「水」の気をもつ場所。そこに赤や青などの原色を使うと、気のバランスが崩れてしまいます。また、黒も陰の気を増幅させるのでNGです。水まわりのインテリアは、バスタオルやバスマットなども含めて浄化カラーの白や暖色系のパステルカラーでまとめましょう。プラスチック素材もできれば避けたいもの。バスチェアや手おけは存在感の薄いクリアタイプを選んで。

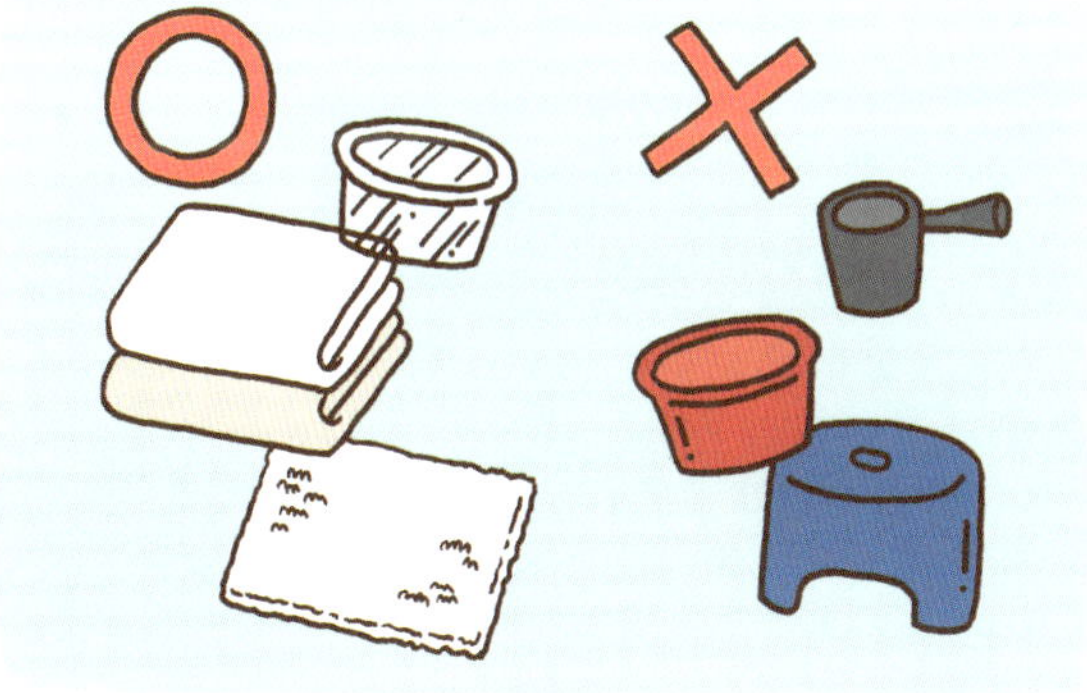

ちょっと気になる

Q&A

リビング

Q ソファの色はベーシックカラーとアクセントになる色、どちらがいい？

A 「色」があるほうが運は豊かになります

リビングのソファは、オフホワイトやベージュ、ブラウンなど、ベーシックな色を選ぶ人がほとんどですが、そうするとリビング全体が地味な色合いになってしまいます。色は豊かな運をもたらしてくれるもの。リビングに色がないと、運がどんどん貧しくなっていきます。

運を豊かにしたいなら、思いきってソファに色を取り入れてみましょう。たとえば、サーモンピンクやミントグリーン、パステルブルーといったきれいな色のソファを置けば、それだけでリビングが明るくなります。今あるソファがベーシックな色なら、カラフルなクッションを置いて色をプラスするのも◎。

寝室

Q 財布はどこにしまえばいいですか？

A ベストな場所は寝室の北側。暗いところを定位置に

財布や通帳など、お金に関わるものを置くなら、寝室の北側がベスト。寝室や北方位のもつ「水」の気がお金を増やしてくれるからです。お金は暗いところを好むので、引き出しやボックスの中など、定位置を決めてそこにしまうようにしましょう。

普段持ち歩いているバッグに入れっぱなし、という人も多いかもしれませんが、「動」の気をもつバッグに財布を入れたままにしておくと、財布が消耗するだけでなく、お金も出ていきやすくなってしまいますから気をつけて。

インテリア風水の
部屋別おすすめプラン

…7…

トイレ
Toilet

常に明るく、清潔に！
「臭い」にも気を配って

トイレは家の中で唯一、いつも水がたまっている場所。ここから、恋愛運、金運、健康運など、さまざまな運が生じます。トイレが汚れているとこれらの運、なかでも健康運がダウン。特に家の中央にトイレがある場合は、トイレのもつ陰の気が家全体に広がりやすいので、くれぐれも気をつけてください。

　また、トイレの水毒は陰の気にふれると増幅します。陰の気は暗い空間、寒い空間から生じるので、トイレは常に明るく、暖かくしておきましょう。

「臭い」も運を左右する重要なポイントです。芳香剤でごまかさず、きちんと消臭したうえでよい香りを漂わせましょう。

運が良くなる！

トイレのおすすめプラン

トイレ専用のスリッパは必須。天然の香りを漂わせて

インテリア風水の
部屋別
おすすめプラン
…7…
トイレ
Toilet

①香りアイテム
トイレの悪臭は運気ダウンのもと。しっかり消臭してから、リードディフューザーやアロマストーンなどを使って、よい香りを漂わせましょう。おすすめの香りはミント、ユーカリ、柑橘系、ローズマリー、ラベンダーなど。ラベンダーは合成された香りだと逆効果なので、必ず天然の香りを使用してください。

②便器のフタ
便器のフタを開けたままにしておくと、たまった陰の気が家中に広がってしまいます。使用後は必ずフタを閉めるようにしましょう。

③タオル、ファブリック類
ファブリック類は色を統一して。清浄化効果のある白、もしくはピンク、パステルグリーン、パステルイエローの各色から選びましょう。タオルはまめに取り替えていつも清潔に保って。それが面倒なら使い捨てのペーパータオルを使ってもかまいません。

④スリッパ
トイレは陰の気がこもりやすい空間なので、家の中のほかの場所と区別するために、スリッパを置くようにしましょう。部屋用のスリッパとは兼用しないこと。

⑤トイレマット
トイレマットは、下のほうにたまった気を受け止めてくれるのであったほうがベター。マットを敷かないなら、まめに掃除して気を清浄に保つようにしましょう。また、マットがないと

運が良くなる！

トイレのおすすめプラン

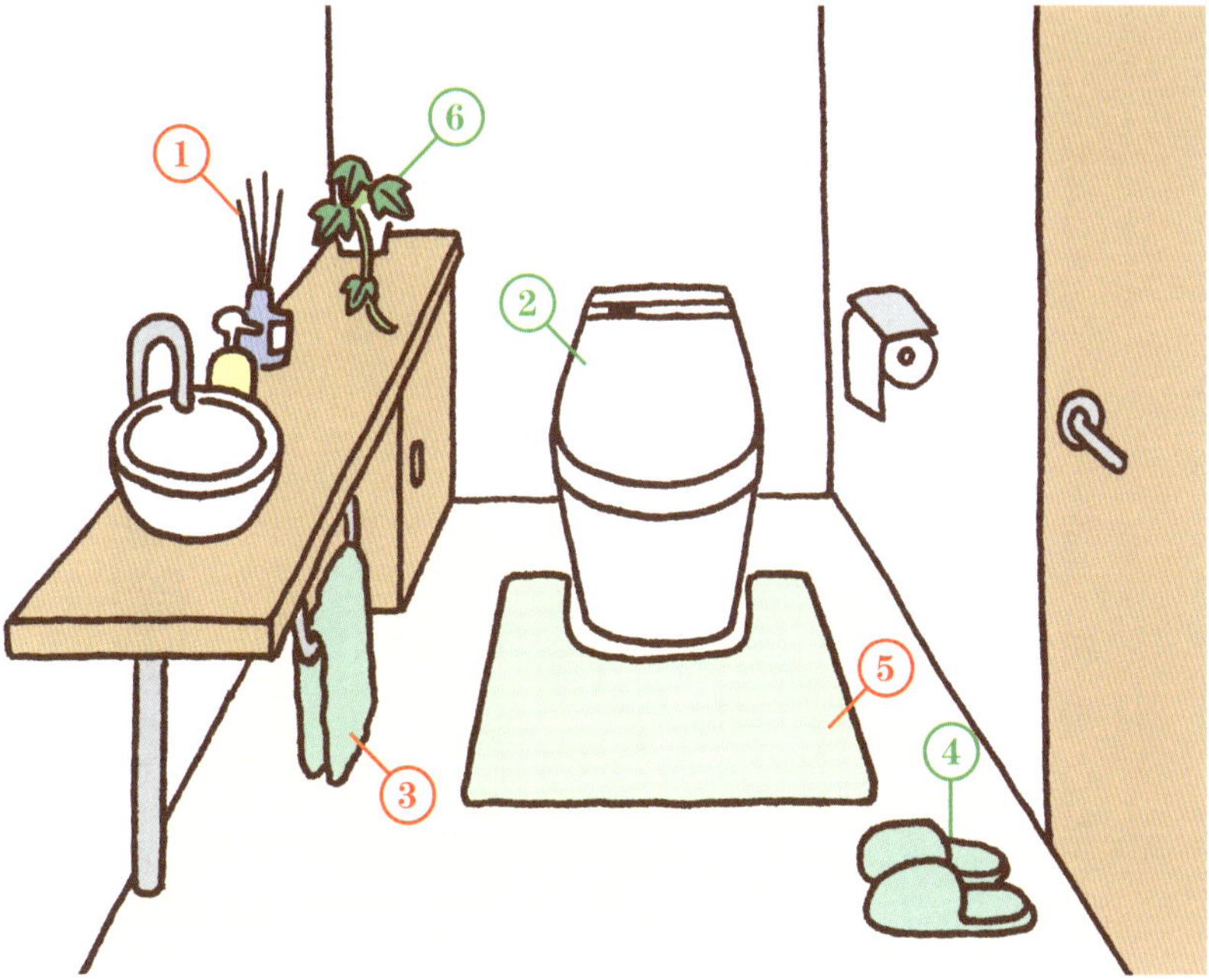

寒々しい印象になりやすいので、ファブリック類の色づかいなどを工夫して温かみのある雰囲気をつくりましょう。

⑥花、グリーン

スペースに余裕があれば、花や観葉植物など、生気のあるものを置きましょう。たとえ一輪でも花があるだけで、トイレにこもる悪い気が清浄になります。生花が飾れないなら、花の写真やポストカードをフレームに入れて飾っても◎。

トイレ収納&掃除のOKポイント

インテリア風水の部屋別おすすめプラン
… 7 …
トイレ
Toilet

掃除は必ず床から。重曹で水毒がクリアに

「水」の気は高いところから低いところに向かって流れるので、汚れた気は下にたまります。ですから、トイレ掃除は必ず床からスタート。便器やタンク、手洗いシンクなどの掃除は、床掃除を済ませてから取りかかりましょう。掃除に時間がかけられない場合は、床だけでも毎日水ぶきを。ぞうきんを絞るバケツの水に重曹を少し入れておくと、汚れと一緒にたまった水毒もクリアにできます。

高いところはなるべく空けておいて

トイレの天井に近いところに突っ張り棚などを取りつけて、トイレットペーパーなどを収納しているのをよく見かけます。一見、スペースを有効に活用しているようですが、風水的にはNG。高いところに物を詰め込むと、気が下にこもりやすくなり、空間の気が循環しにくくなってしまうからです。収納スペースを設けるなら、天井の近くを空けるか、壁と同色のカフェカーテンで目隠しを。

家の中心のトイレはとりわけ清潔にしておく

家の中心にトイレがある場合、トイレのもつ運気がより強調されます。特にトイレが汚いと、家全体に悪い気が広がり、運気が下がってしまうので、掃除はこまめに行いましょう。マットやタオルなどは白で統一して清浄な空間を演出。便器のフタは使い終わったら必ず閉める習慣をつけましょう。

また、トイレの水を流したあと、重曹を少し入れてもう一度流すのも浄化になります。

ついやってしまいがち！

トイレのNGポイント

得た知識がすべて流れるのでトイレでの読書はNG

トイレで本や雑誌を読む習慣のある人がいますが、これはおすすめできません。排泄する場所で得た知識は、定着せずに流れていってしまうからです。スマホやタブレットをトイレに持ち込むのもやめましょう。

特に子どもがトイレで本を読んだり勉強したりすると、欲求が満たされずにイライラしやすくなります。トイレに漢字のポスターや歴史年表などを貼るのもNGです。

カレンダー、時計など時に関するものは置かない

カレンダーや時計など、「時」を表すものをトイレに置くと、時が自分のなかに定着しづらくなり、チャンスやタイミングをつかめない体質になってしまいます。

また、あなたが人から見られるイメージの中にトイレのイメージが混じってしまう可能性も。

カレンダーの絵や写真が気に入っているなら、その絵や写真だけを切り取り、フレームに入れて飾りましょう。

寒いと金欠や病気の原因に。ヒーターなどで暖かく

トイレは、家の中でも北側など寒い場所にあることが多いですが、トイレが寒いと、陰の気が強くなり、金運や健康運に悪い影響を及ぼします。特に一軒家など、寒さが厳しい場合は、小さなパネルヒーターを置くなど、暖かくする工夫をしましょう。

寒色系のファブリック類を使うのも避けて。トイレマットを敷かない場合は、特に色づかいや素材感で温かみを感じさせるような気配りを。

ちょっと気になる

Q & A

バスルーム

Q 忙しい日はシャワーだけ。これではダメですか？

A シャワーだけですませていると、どんどん運気が下がります

浴槽でお湯に浸かるという習慣のない欧米人と違って、日本人はお湯に浸からないとその日に持ち帰った悪い気を落とすことができません。忙しいからとシャワーだけで済ませているとどんどん運気が下がってしまいます。

週に1回は30分くらいかけて入浴を。それ以外の日も少なくとも10分はお湯に浸かり、毒を落とすようにしてください。

また、ただお湯に浸かるだけでなく、入浴剤にこだわったり、湯船に浸かりながら本を読んだりと、お風呂での時間がより楽しくなるように工夫すると、さらに運気がアップしますよ。

バス・トイレ

Q 家がユニットバスです。気をつけたほうがいいことは？

A ジメジメ対策を万全に。入浴後に水気をふき取る習慣を

ユニットバスで最も注意しなければならないのは湿気。こまめに換気し、いつもカラッとさせておくよう心がけましょう。バスマットや便座カバーなどは湿気を吸うので、使わなくてもかまいません。入浴後は、使ったバスタオルで床や壁をサッとふく習慣をつけると、ジメジメしにくいだけでなく、水あかもつきにくくなります。また、鏡が曇っていると運気が下がるので、こまめに磨くようにしてください。

インテリア風水の
部屋別おすすめプラン

… 8 …

子ども部屋

Children's Room

「子どもの目に入るもの」に気を配ったインテリアを

子ども部屋は子どもの成長を促す「木」の気をもつ場所。どんな部屋で過ごすかによって、今の運だけでなく、これからの運も変わってきます。

子ども部屋のない家もありますが、自分だけの場所をもち、その空間を支配することが子どもの自立につながるので、可能であれば、ぜひ個室をもたせてください。

インテリアのポイントは、「子どもの目線から見えるもの」に気を配ること。子どもは大人以上に目で見るものから運気を吸収するためです。

また、原色やモノトーンの部屋は子どもの成長に悪影響を及ぼします。パステル系の柔らかい色調でまとめましょう。

インテリア風水の
部屋別
おすすめプラン
… 8 …
子ども部屋
Children's Room

運が良くなる！

子ども部屋のおすすめプラン

勉強机もベッドも木製に。ロールカーテンやシェードも◎

① 勉強机

シンプルな木製のものが◎。棚があるとマンガやゲームなど勉強に関係のないものを置いてしまい、気が散りやすくなるので、できれば棚つきではないものがおすすめ。

② 時計

子ども部屋は時をつかさどる「木」のスペースなので、時計は時刻が正確なものを。電波時計がベストです。

③ おもちゃの収納

おもちゃは種類ごとにざっくり分けてカゴや木箱、バスケットなどに収納しましょう。プラスチックのケースは使わないようにして。

ぬいぐるみはその空間の気を吸ってしまうので、出しておくなら2体までに。もっている数がそれより多い場合は、出しておくものを子ども自身に選ばせ、ときどき交換しましょう。

④ ベッド

ベッドはナチュラルな木製がおすすめ。

枕の向きは成長の気が得られる東向きがベストです。

ベッドファブリックは肌触りのいい天然素材のものを。

キャラクター柄はできれば避けたいですが、どうしてもキャラクターものがいいなら、ワンポイントだけ、もしくはシルエットでさりげなく取り入れるようにしましょう。

⑤ カーテン

子ども部屋のカーテンは、ロールカーテンやシェードなど、上下に開くものがおすすめ。

毎日カーテンを開けるたびに、上に向かう気が得られます。

また、日光を浴びることで成長

運が良くなる!

子ども部屋のおすすめプラン

の気が得られるので、遮光カーテンは避けましょう。

⑥イス・クッション

勉強机とベッドだけでは、子どもがその部屋でくつろぐことができません。子どもが落ち着いて座れるような小さいイスやクッションなどを置いて、「居場所」をつくってあげると、そのスペースを支配する力が生まれ、自立へとつながっていきます。

⑦植物

子ども部屋に観葉植物を置くと、成長の運気が強まります。机の上やベッドサイドなど、目につきやすいところに置いて。

子ども部屋 収納＆掃除の〇Kポイント

インテリア風水の
部屋別
おすすめプラン
… 8 …
子ども部屋
Children's Room

おもちゃやゲームは扉つきの収納に

おもちゃやゲームなどをいつでも目に入る場所に置いておくと、そちらに気持ちが向いて勉強に身が入らなくなってしまいます。そういったものはすべて収納ボックスや扉つきの棚などにしまっておき、遊ぶときだけ出すように習慣づけましょう。収納ボックスは木やラタン、クラフトなど、通気性のいい素材のものが◎。マンガや雑誌も目に入ると勉強の妨げになるので、本棚は机から離れた場所へ。

片づけや掃除は親がサポートして

子ども部屋の掃除や片づけは本人に任せきりというご家庭もありますが、散らかった子ども部屋では、子どもの運は育ちません。子ども自身がきちんと片づけられないなら、ある程度親がサポートして、空間を整えてあげましょう。ポイントは、床に物を置かないこと。壁にランドセル用のフックをつける、洋服は畳まずにハンガーにかけるなど、子どもが片づけやすい環境をつくってあげましょう。

ついやってしまいがち！

子ども部屋のNGポイント

「絶対合格！」「必勝」などの張り紙はNG

子どもは大人以上に言霊の影響を受けやすいので、ネガティブな言葉が入ったポスターなどを子ども部屋に飾るのはやめましょう。「絶対合格！」「必勝」など、子どもに強いプレッシャーを与える言葉も、子どもの負担になるのでNGです。

キャラクターものばかりでは落ち着きのない子どもに

子どもはキャラクターものが好きですが、キャラクターに囲まれた部屋で過ごしていると、「陽」の気が強くなりすぎて、落ち着きのない騒がしい子になってしまいます。特にキャラクターの大きなぬいぐるみは要注意。ぬいぐるみは空間の気を吸うので、子どもの運がどんどん目減りしていきます。どうしてもキャラクター柄を使いたいならノートやポーチなどの小物で取り入れるようにして。

アイドルやアニメのポスターで気が消耗する

人は「見られる」ことで運気を消耗します。アイドルやアニメキャラクターのポスターを壁に貼っていると、ポスターの中の人物から常に見られていることになり、知らず知らずのうちに気が消耗してしまうので、くれぐれも気をつけて。もし写真やポスターを飾りたいなら、目線が外れていてこちらを見ていないものにしましょう。また、ポスターを壁に貼る場合は、フレームに入れて。

ちょっと気になる Q & A

子ども部屋

Q 勉強机は どの方位に置くのがベスト？

A ベストな方位は北。西向きはできれば避けて

机をどの方位に向けるかで、勉強に対するやる気や集中力に大きな差が出てきます。おすすめは北方位。活発でスポーツが得意な子なら、東方位でもOK。子どもは目に見えるものから影響を受けやすいので、どの方位であっても、机はスッキリと整頓し、勉強に関係のない物は置かないようにすることも大切です。

北 勉強ができる子に育てたいなら、この方位がベスト。「水」の気が知識の吸収をサポートし、才能を育ててくれます。

東 伸びゆく気が得られる方位。ただし、集中力が続かないことも。勉強よりスポーツが得意な子に向いています。

南 陽気が強すぎて机に向かっていられないので、勉強には不向き。ただし、芸術家タイプの子が創作するのには向いています。

西 眠くなってやる気が落ちてしまうので、避けたほうが無難。どうしてもこの向きにしか置けないなら、座ったときに目に入る位置に観葉植物やカッティンググラスの小物などを置いてやる気を高めましょう。

インテリア風水の
部屋別おすすめプラン

… 9 …

ベランダ・庭

Porch, Garden

実用目的以外の使い方で足りない運をチャージ！

ベランダや庭は、ひとつの空間として活用することで、自分に足りない運気を補充してくれる場所。

ただし、洗濯物を干すなど、実用目的にしか使っていない場合は、補充の運は得られません。

ベランダが狭く、洗濯物を干すだけでいっぱいになってしまう場合は、片隅にガーデンチェアを置いたり、プランターで寄せ植えを楽しんだりするだけでもいいので、実用以外の活用方法を考えましょう。

スペースにゆとりがあれば、本格的なガーデニングやバーベキューを楽しむのも◎。物置などを置くなら、シンプルで主張しすぎないデザインのものにしましょう。

運が良くなる！

ベランダ・庭のおすすめプラン

ガーデンチェアやランタンを置いて運気アップ

① ガーデンファニチャー

スペースがあれば、ぜひアウトドア用のテーブルやイス、ベンチなどを置き、天気のいい日はそこでお茶を楽しんで。おしゃれなガーデンチェアを1脚置くだけでも、雰囲気がかなり変わります。

② ライト

ベランダや庭をライトアップすると、補充の運気がさらに強まります。太陽光で充電できるランタンなどを利用してもグッド。

③ 植物

季節の花やハーブ、実のなる植物などを育てると実りの運気やチャンスの運気が得られます。ただし、枯れた植物が放置されていると逆効果になるので、きちんとお手入れができる範囲で行いましょう。

インテリア風水の
部屋別
おすすめプラン
… 9 …
ベランダ・庭
Porch, Garden

Chapter 2

これだけは押さえたい！インテリア風水基本の「き」

インテリア風水を実践する前に、
これだけは知っておいてほしいことを
まとめました。初心者の方はぜひ読んで。

今の自分の運は、「身のまわりの環境」でつくられている

風水では、「人は環境によって生かされている」と考えます。つまり、**今の自分の運は、身のまわりの環境によって形づくられているということです。**ここでいう環境とは、衣食住はもちろんのこと、人間関係や話す言葉、行動、考え方まで、自分を取り巻くすべての物事を指します。

たとえ本人が自覚していなくても、運のいい人は運のいい環境に身を置いているからこそ幸運が舞い込んでくるもの。逆に運の悪い人の身のまわりには、必ず悪運の原因になるものが潜んでいます。

よく、「私って運が悪いのよね」などと口にする人がいますが、「運が悪い」のは、生まれつきではなく、自分の環境のせい。

たとえば、「運が悪い」と自分で決めつけている、そのこと自体も運を落とす原

因のひとつです。運をよくしたいなら、自分の生活や身のまわりの環境を振り返り、自分の運気を落としている原因を突き止めて取り除いていきましょう。**環境を変えれば、必ず運も変わります。**

また、今幸せだからといって、「今のままでいいや」と考えるのも、運気を落とすもと。風水では、あらゆる運は変化から生じると考えます。変化を嫌い、今のままでいようとすると、気の流れが止まり、新しい気が入ってこなくなって、どんどん運が衰退していってしまいます。運のいい人になりたいなら、「こうしたらもっとよくなるかも」「こうすればもっと素敵になりそう」……そんなふうに変化を前向きにとらえ、**自分も環境ももっとよいものに変えていこうとする姿勢を心がけましょう。**

家はあなたの運をためておく場所

私たちの身のまわりにあるものや生活習慣、話す言葉などはすべて、運を形づくる要素ですが、そのなかでもあらゆる運の土台になる重要なもの、それが住環境です。

人は、身につけるものや食べるものなどから運を吸収します。旅行に出かければ、その土地から運をもらってくることもできます。でも、それだけで「運のいい人」になれるわけではありません。というのも、どんなに外で運気を取ってきても、家の中が整っていなければ、その運は定着しないからです。

家はあなたの運のベースであり、運をためておく場所でもあります。本当の意味で「運のいい人」になりたいなら、まず**自分の住んでいる空間に常に気を配り、手をかけて整えていく必要がある**のです。

だからといって、ただお金をかけて豪華な内装にすればいいというものでもありません。むしろ、どんなにお金をかけても、住んでいる人がその空間で心地よく過ごせていないなら、その家は運のいい家とはいえません。

人がひとりひとり異なった性質をもっているように、家も一軒ごとに違う性質をもっています。自分の家の性質を知り、その性質を最大限に生かすことが、運のいい家づくりの一番のポイントです。そして何よりも大切なのは、あなた自身が今住んでいる家を好きになること。あなたが家にたっぷりと愛情を注ぎ、より心地よく過ごせるよう手をかければ、家はその分だけ必ずよい運を与えてくれます。

運のいい家は、家とあなたが一緒につくり上げていくものなのです。

「陰陽」と「五行」のバランスがカギ

風水は、**陰陽五行説**という考え方をベースにして成り立っています。陰陽説とは、すべてのものは「陰」と「陽」どちらかの性質をもち、互いに支え合いながら成り立っているという考え方です。

たとえば、男性は「陽」、女性は「陰」の性質をもっています。そのほかにも「明るい」「温かい」「昼」「天」などは「陽」、「暗い」「寒い」「夜」「地」などは「陰」に属します。

陰陽例

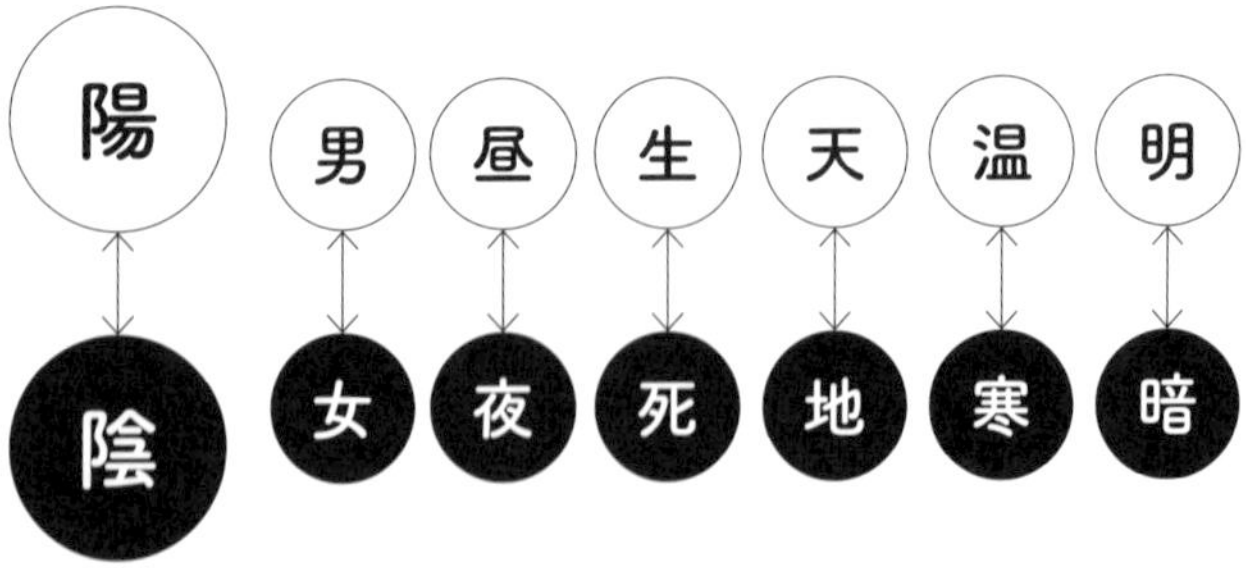

「陽がよくて陰が悪い」ということではなく、
陰と陽の両方をちょうどよい割合であわせもつことが大切です。

陽と陰は相反する性質ですが、陽がよくて陰が悪いというわけではなく、**どちらも必要な要素。**どちらかが過剰になってしまうと、気のバランスが崩れ、さまざまなトラブルが起こりやすくなります。基本的には、**陽が陰より少し勝っている（勝陽劣陰）くらいがベストバランス**とされており、運気アップのためには、その状態を保つように調整していくことが大切です。

また、五行説とは、この世のすべてのものは「木・火・土・金・水」の5つの要素（五行）に分類されるという考え方。五行は次ページの図のようにそれぞれ異なる運気をつかさどっており、さらにお互いに生かし合ったり（相生《そうじょう》）、対立したり（相剋《そうこく》）する性質があります。

この五行と陰陽の関係を理解し、上手に利用していくことが、運気をいい方向に導くカギといえます。

五行相関図

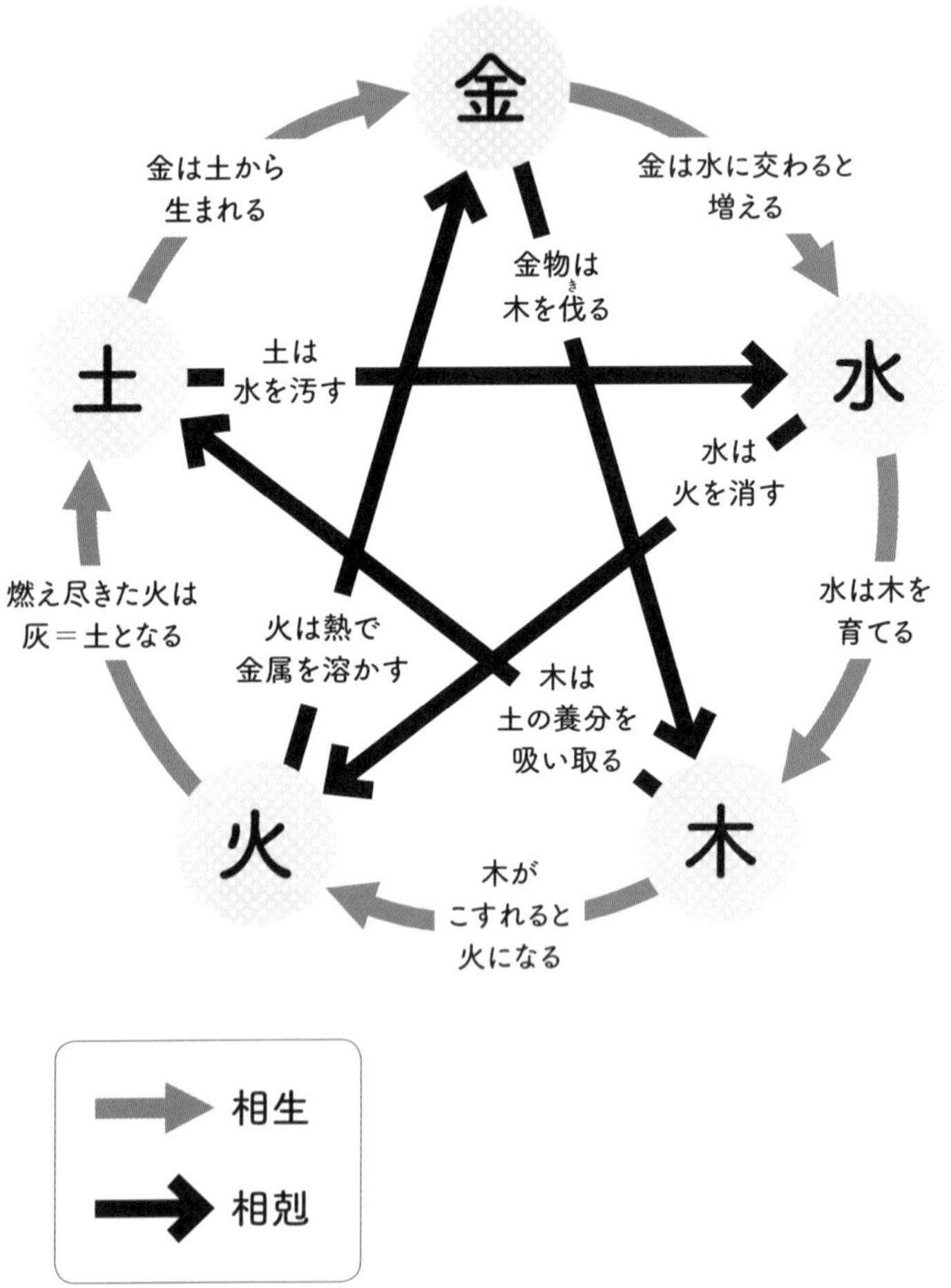
金
水
木
火
土
金は水に交わると
増える
水は木を
育てる
木が
こすれると
火になる
燃え尽きた火は
灰＝土となる
金は土から
生まれる
金物は
木を伐《き》る
土は
水を汚す
水は
火を消す
木は
土の養分を
吸い取る
火は熱で
金属を溶かす
相生
相剋

Chapter 3

インテリア風水で大切な4つのこと

家はただ「住む」場所ではなく、
あなたや家族が「暮らす」場所です。
心地よい空間づくりの秘訣とは?

大切なこと 1

「風通しのよさ」が運のいい家づくりのポイント

家の中に入ってくる気には2種類あり、そのうち運気を上昇させるよい気を「旺《おう》気《き》」、運気を下げる悪い気を「さっ気」と呼びます。これらの気はどちらも玄関から入ってきますが、旺気もさっ気も、ある程度時間がたつと生命力が衰え、死んでしまいます（これらを「衰気」「さっ衰気」と呼びます）。

これらの「死んだ気」は、通常、窓やキッチンから出ていきますが、家の中の風通しが悪いと、気が動かないので、家の中にどんどんたまっていってしまいます。旅行などで1週間ほど家を空けると、帰ってきたときに気が淀んでいるように感じることがあると思いますが、それは、排出されなかった衰気が家の中にたまっているためなのです。

運のいい家とは、これらの「死んだ気」をスムーズに家の外に出し、また新たな旺気を呼び込む、そんな「気の循環サイクル」が働いている家のこと。だからこそ、風通しをよくすることが重要なポイントになってくるのです。

人間の体は、代謝が落ちて悪いものが排出されなくなると病気になりますが、家も同じ。**風通しのよさは、そのまま気の通りのよさ＝運のよさにつながる**のです。

これから家を建てたり借りたりする予定がある人は、必ず家の中に風が通るかどうかをチェックしてください。花粉症などで窓が開けられない人もいると思いますが、たとえ実際に風を通すことがなくても、風の通り道がきちんと確保されていることが大切です。

また、動線の悪い家や、人数に対して部屋数が多すぎる家も要注意。気は人が動くことによって流れるので、動線がよくないと気の流れも途切れてしまいますし、家の中に使わないスペースがあると、そこが衰気のたまり場になります。**家は広ければいいというものではありません。**住んでいる人がストレスを感じずに動けるような動線を確保することも、ぜひ心がけてください。

大切なこと
2

日当たりのいい家はよい気が入ってきやすい

家の運気をよくするために、風通しと並んで欠かせないものがもうひとつあります。それは「光」。

太陽の光がたっぷりと入る明るい空間は、陽の気に満ち、よい気が入ってきやすくなります。

日当たりのよさは、家の立地によって違ってきます。南向きだから一日中明るいかというと、そうとも限りません。たとえ窓が南に向いていても、窓の外に高い建物があれば太陽の光は入ってこないからです。逆に北や西にしか窓がなくても、日当たりがよく、明るい家もあるでしょう。大事なのは、窓の向きよりも、**実際に太陽の光が十分に差し込むか**どうか。これから家を買う、あるいは借りる予定の人は、必ず部屋を内見するときに実際の日当たりを確認しましょう。

今、自分が住んでいる家の日当たりや風通しがあまりよくない、という人は、残念ながら最初からデメリットを背負っていることになりますが、そこであきらめてはいけません。日が当たらないなら、**照明器具を取り替えたり電球をより明るいものに替えたりする**、風通しが悪いなら、**シーリングファンやサーキュレーターで風を入れる**など、できる範囲でデメリットをカバーする努力をしましょう。

なお、窓を開けても風が通らず、衰気が抜けにくい場合は、定期的にキャンドルを灯したりお香をたいたりするのもおすすめですよ。

大切なこと 3

運のいい部屋のインテリアは引き算から始める

「インテリアに気を配っているつもりなのに、運気が上がらない！」と感じているなら、それは、「引き算をせずに足し算ばかりしている」からかもしれません。

運のいい空間をつくりたいと思ったときに、多くの人がまず考えるのは、「運をよくするためのアイテムを置く」ことです。

これは、日本で最初に広まった風水が「西に黄色いものを置く」「パワーストーンを置く」というように、空間に何かをプラスすることで運を上げていくという「足し算の風水」だったことが大きく影響しているのかもしれません。

でも、本来、インテリア風水は、足し算ではなく、**引き算から始めるのが正しいやり方**なのです。

引き算というのは、**自分にとって大切ではないもの、自分が必要としていない**

ものを空間から取り除くこと。

今、あなたがいる部屋を見回してみましょう。全然使っていないけれど、捨てるのももったいないから置いてあるものはありませんか？

あるいは、テレビの横やげた箱の上に、何年も前からずっと同じ雑貨や人形を飾っていませんか？

その雑貨や人形は、本当にそこになくてはならないものですか？

風水では、気に入ったものには文字通り「気」が入ると考えます。逆に言えば、思い入れのないものには気が入りません。気が入っていないものばかり置いてある空間に、いくら運気を上げるアイテムを置いても、運が良くなるはずがありません。

「何を置けば運が良くなるの？」と考える前に、**「何を減らしたら運が良くなるか」**を考えてみましょう。自分にとって大切なものとそうでないものを仕分けし、大切なものだけを残すようにして。運気を上げたいなら、まずはそこからです。

大切なこと 4

だからといってシンプルすぎるのは……

最近は、徹底的に物を減らし、がらんとした空間の中で暮らす「ミニマリスト」というスタイルも人気ですが、シンプルなだけで住む人のこだわりがひとつもない空間は、ただ寝泊まりするための「箱」であって、あなたに運をくれる家ではありません。

家はただ「住む」場所ではなく、あなたやあなたの家族が**「暮らす」場所**です。自分の家から運をもらいたいなら、自分はそ

の家に何を置きたいのか、その空間でどんな暮らしをしたいのか、ということを考えましょう。

そこにあなたの好きなもの、お気に入りのものを置くことで、その空間に初めて「気」が入るのです。

たとえば、お気に入りのデザイナーズチェアを置きたい、こだわりのキッチンで料理をしたい、コレクションしている雑貨を飾って眺めたい……どんな小さなことでもかまいません。「仕事が忙しく、家には寝に帰るだけ」という人なら、寝心地のいいベッドや枕をそろえ、寝る環境を充実させるのもひとつの方法です。

季節の雑貨を飾るときも、ただ「クリスマスだからツリーを置く」のではなく、「北欧っぽいイメージで」「赤をテーマカラーに」など、**自分なりにテーマを決めて飾ってみる**、それだけで、その空間にはあなたの気が入ります。どんなに狭くても、「あなたらしさ」があれば、その空間はきっとあなたに運を与えてくれますよ。

八方位のもつ運気と インテリアカラー＆テイスト

八方位で見たときの各方位の運気と意味、
おすすめのインテリアカラー、テイストをまとめました。
コーディネートの参考にしてください。

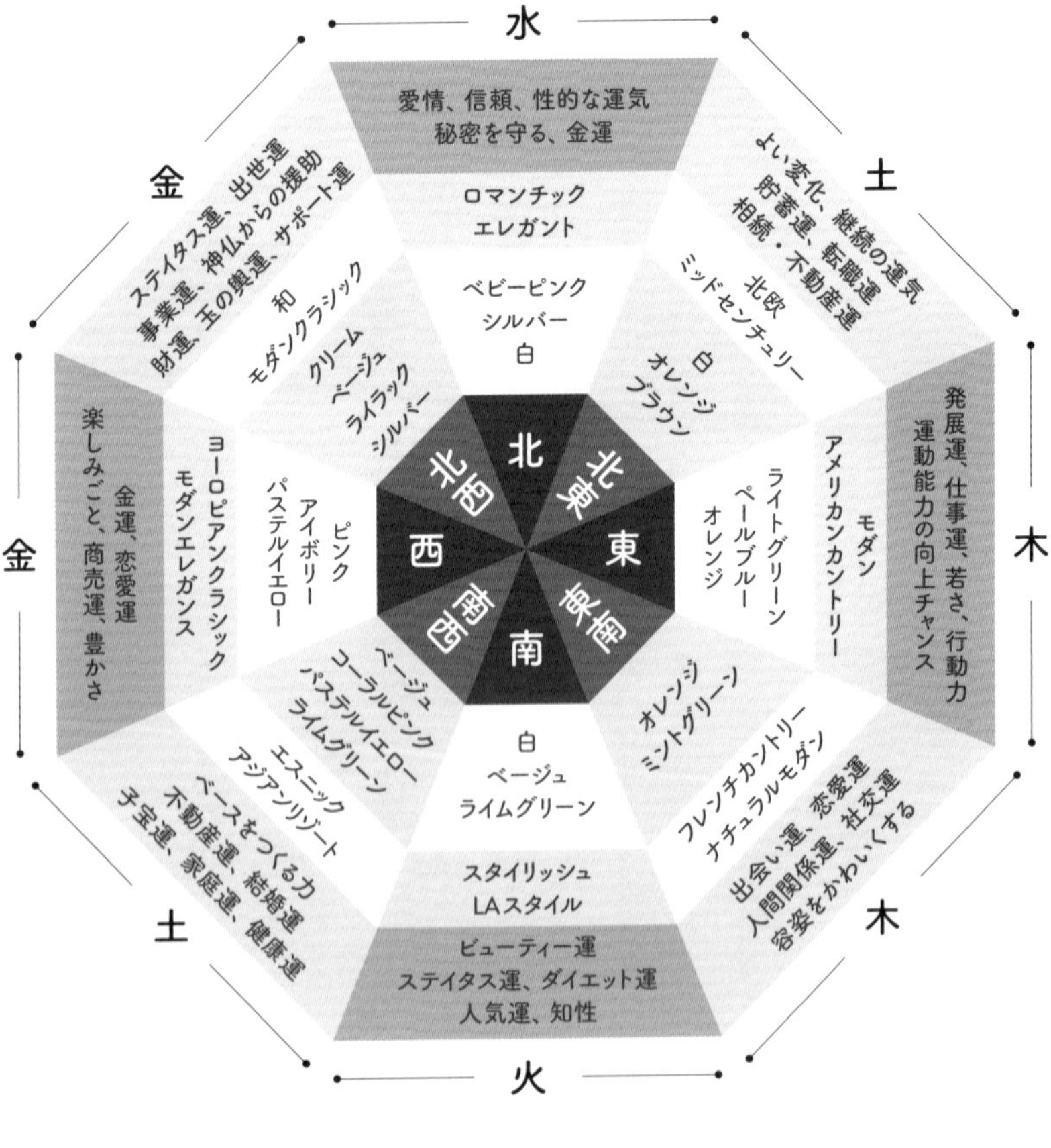

Chapter 4

方位で決める！インテリアの強運コーディネート

家の方位を知り、その性質を生かして
インテリアを整えていくことが、
運を呼び込む「実践」の第一歩です。

インテリア風水の基本は、家の方位（座山）の性質を生かすこと

家には、一軒ごとに異なる性質があります。

その性質を決めるのが「座《ざ》山《ざん》」と呼ばれる**家の方位**です。

各方位には、北なら「水」、南西なら「土」というように、それぞれ異なる運気があり（82ページ図参照）、その運気に沿った色づかいやテイストでインテリアを整えていくことで、方位のもつパワーが発揮されやすくなります。

なお、座山はあくまでも**その家がもともともっている性質**を表すもの。

各座山の間に優劣はありませんし、座山によってその家や、そこに住む人の運のよしあしが決定されることもありません。

たとえば、西は風水では「金」の方位とされているため、西座山の家＝金運のいい家だと思われがちです。確かに西方位が座山の場合、そのパワーを上手に発

揮させることができれば、金運に恵まれやすくなります。ただし、そのためには、方位に合ったインテリアを整えることが不可欠ですし、それができなかった場合、逆に金運に負荷がかかり、お金が出ていってしまうこともありうるのです。

　これは、西に限らず、どの方位でも同じこと。座山がどの方位であっても、それだけで運のいい家がつくれるわけではありません。家を運のいい空間にしたいなら、そこに住んでいる人が、**家の性質を生かすような空間づくり**をしていかなくてはならないのです。

自分の家の座山を調べる

まずはあなたの家の座山がどの方位なのかを調べましょう。
本書では、八方位をさらに3分割した二十四方位で
座山を見ていきます。91ページからのインテリアの
ポイントはここで割り出した座山が元になりますから、
方位はできるだけ正確に測ってください。

1 家の中心を割り出す

間取り図を用意し、家（庭やベランダは含みません）の四隅を対角線で結びます。2本の対角線が交差した点が家の中心です。なお、家の形が真四角でない場合、全体に対して出っ張っている部分が3分の1以上なら「欠け」、3分の1未満なら「張り」と見なします（図参照）。「欠け」なら欠けている部分を補充し、「張り」の場合は張っている部分を切り取って真四角にしてから中心を出しましょう。

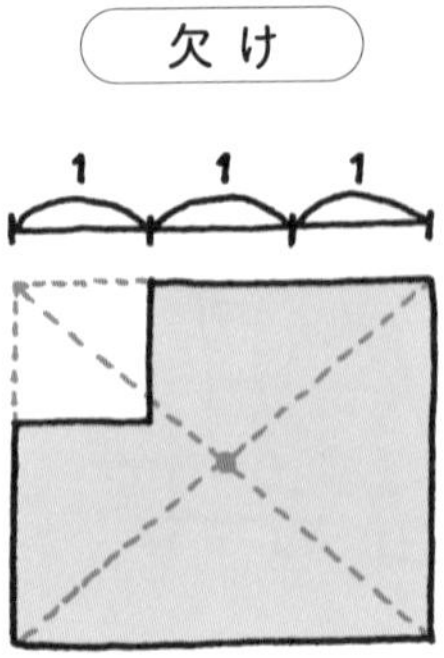

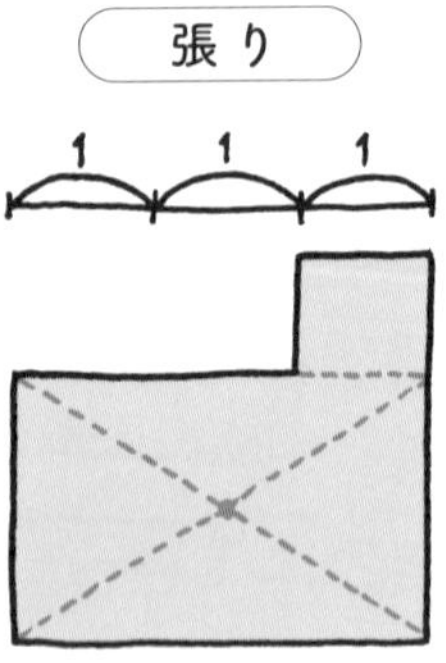

2

真北を割り出し、ほかの方位も割り出す

水平にした手のひらに方位磁石（スマートフォンのコンパスアプリでもＯＫ）をのせ、家の中心に立ちます。磁石でまず真北を確認し、そこを起点にほかの方位を割り出して間取り図に書き入れましょう。

3

座山を見つける

方位を割り出したら、玄関の反対側にある壁（部屋と部屋の間にある壁ではなく、家の外と中を隔てる壁）に注目してください。家の中心から見て、この壁の中心点が位置する方位、それが「座山」になります。

下図の間取りの場合は、「南」が座山となります。

やや複雑な間取りの場合には、次ページの3つのケースを参考にしてください。

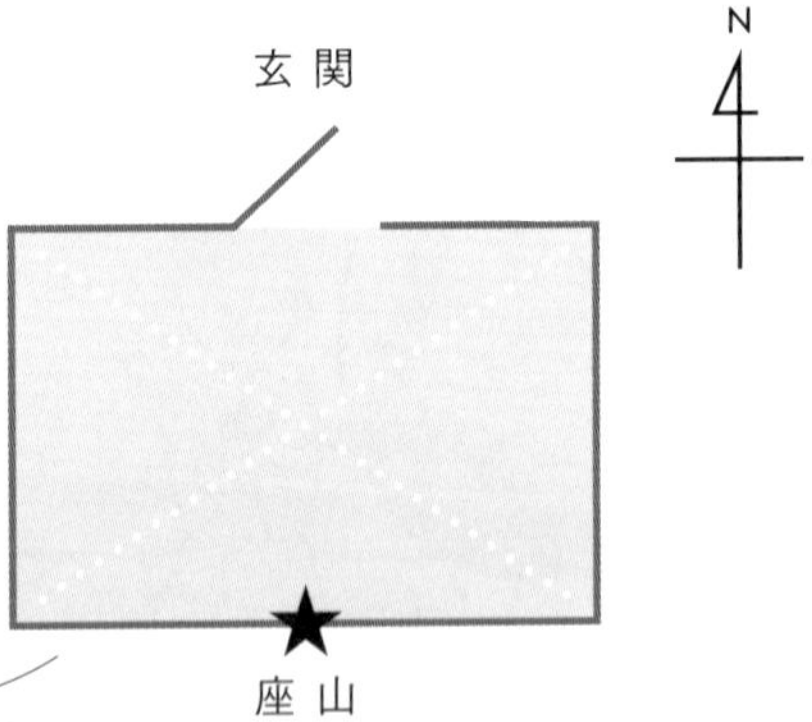

玄関と反対側の壁の中心点が
まっすぐ向き合っている場合は、
玄関に相対する方位（図では南）が
そのまま座山になります。

こんなときは？

座山の見つけ方

ケース1

玄関ドアが壁の端についている場合

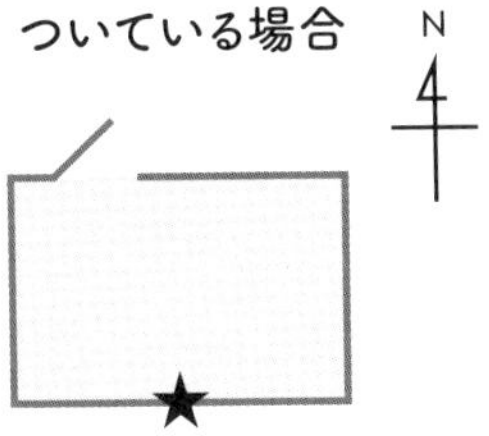

上図では、ドアの反対側の壁は東南から南西まで含んでいますが、中心点は家の中央から見て南です。従って、この家の座山は南になります。仮にドアが壁の反対側の端についていても、座山は同じです。

ケース2

「張り」のある家の場合

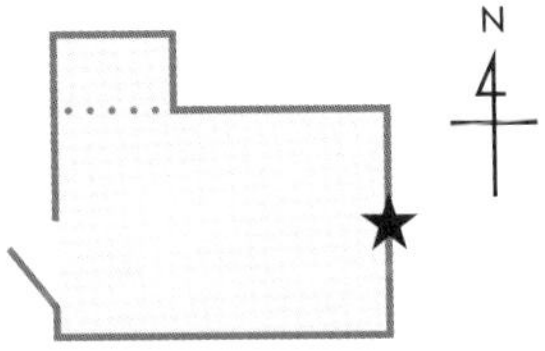

この家は「張り」があるため、「張り」の部分を切り取って真四角にしてから家の中心を出します。玄関ドアの向かい側の壁は、北東から東南まで含んでいますが、中心点は東ですから、座山は東になります。

ケース3

家が真北に対して傾いている場合

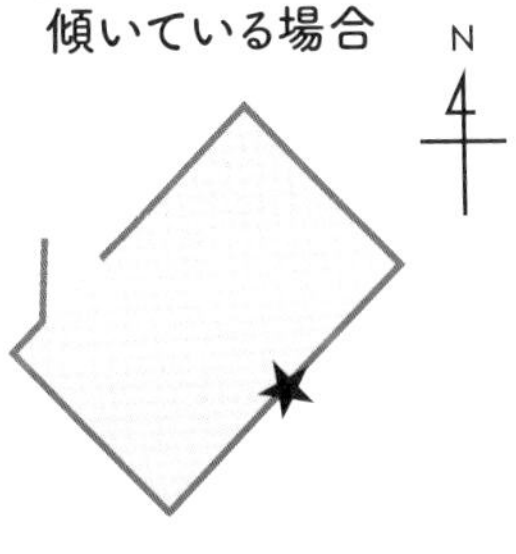

上図では、ドアの反対側の壁は東から南西まで含んでいますが、中心点は東南なので、座山は東南になります。

Column

よい気をキープするために！

座山に「要石」を置いて家をパワースポットにする

家はいつもよい気で満たしておきたいもの。でも、現実にはなかなかそうはいきません。どんなにインテリアに気を配っていても、家族同士でケンカをしたり、よくない気をもった人が訪ねてきたりと、何かの拍子に悪い気が入り込めば、家の中の気はすぐに「陰」に傾いてしまいます。

そういう事態を防ぐために、ぜひやってみてほしいのが、家の座山に「要石」を置くことです。要石は強い生気を家中にくまなく流してくれるので、そこで過ごしている人にもやる気や活力がみなぎってきます。たとえマイナスの気が入り込むことがあっても、すぐによい気が補充されるため、心も体も空間も、常によい状態を保つことができるのです。

「要石」にするのは、水晶やローズクオーツなどの天然石。種類は問いませんが、必ずその家にあるほかの石より大きなものを選んでください。

置く場所は家の座山にあたる場所。床に直接置くのは避け、台の上や棚の上などに置きましょう。また、要石を置くと、その周辺の気が家中に拡散されるので、石を置いた場所の周囲はいつもきれいにしておくように心がけてください。

＊ 要石の選び方やその効果については、『最強 パワーストーン風水』（秀和システム）で詳しくご紹介していますので、興味のある方はぜひそちらをお読みください。

二十四方位から見る座山の性質とインテリアのポイント

86ページで、あなたの家の座山がどの方位なのかを調べました。

座山を見るときは、北や北東といった「八方位」をさらに3分割した「二十四方位」を使います。

ここでは「二十四方位」別の座山の性質とインテリアのポイントについて紹介します。

たとえば同じ北でも、壬山と子山では性質が異なるので要注意。

さっそくあなたの家の座山のポイントを見ていきましょう。

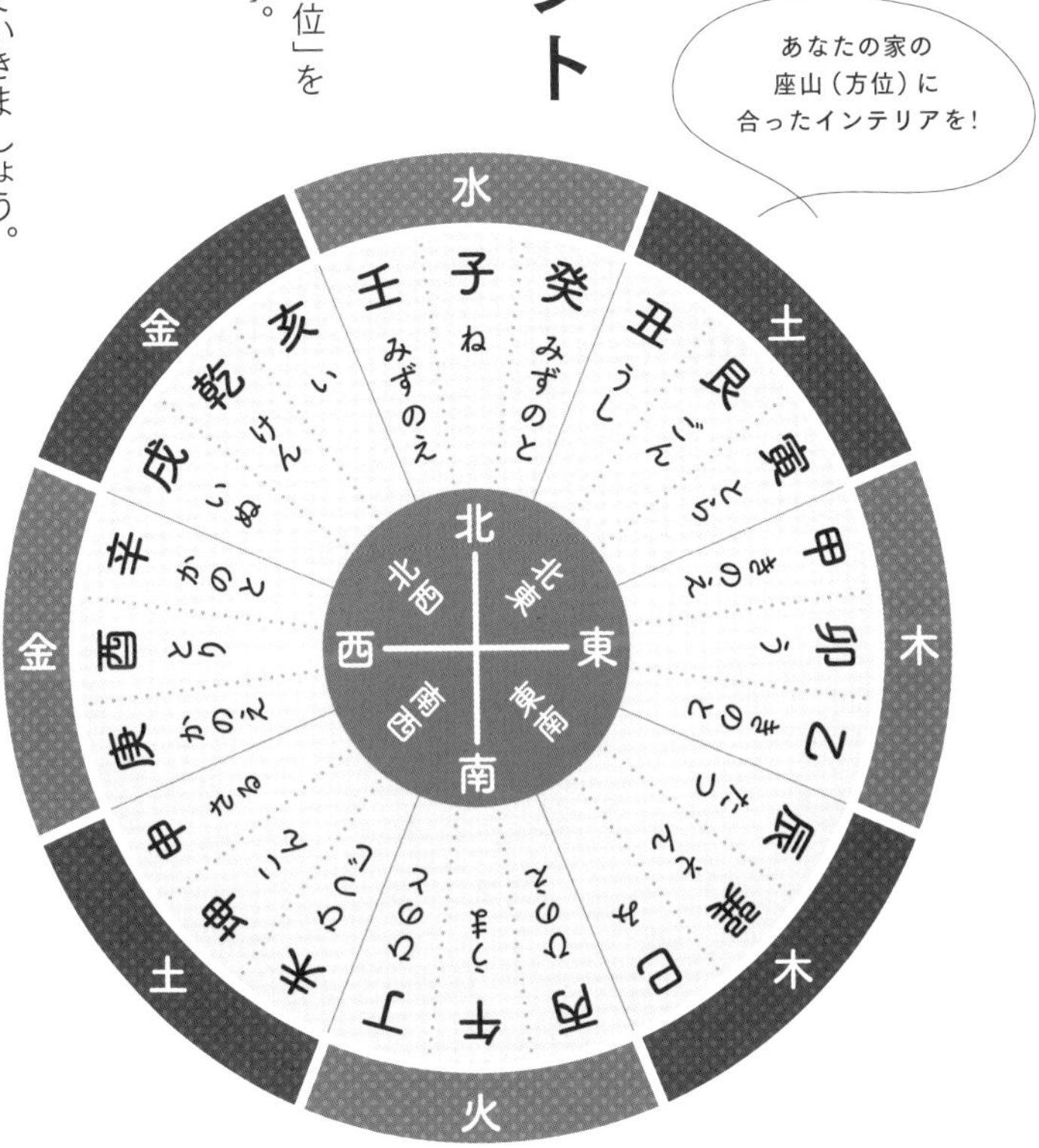

座山の性質と
インテリアのポイント

北

「水」の方位。愛情や信頼をつかさどり、とりわけ異性間の愛情を深めてくれるほか、お金を増やしてくれる力もあります。運気のカギを握る場所は水まわり。こまめに掃除をし、いつも清浄にしておきましょう。暗く、寒い空間だと「水」の気が陰に傾くので、インテリアは明るく、温かみのある雰囲気に。

壬山《みずのえざん》
水まわりに「非日常」を演出

北
337.6度
〜
352.5度

旺気を取り入れることで大きな財を得やすくなる方位です。「水」を「生かす」ことで運気が活性化するので、「水」を豊かにするモチーフ、カラーを積極的に取り入れましょう。トイレや洗面所、バスルーム、寝室など、「水」に属する空間のインテリアにもこだわって。リゾート風を意識するなど、水まわりに「非日常」を演出するのもおすすめです。ただし、水まわりの汚れやカビ、冷えは水毒を生じさせ、財を失うもとになるので気をつけましょう。

「北」のインテリアのおすすめカラー

女性のみの場合……ベビーピンク、シルバー、白

男性と同居の場合……ブルーグリーン、クリームイエロー

子山《ねざん》

明るく温かい空間づくりを

北
352.6度〜7.5度

「陽光宮」と呼ばれ、喜びごとを増やす性質をもつ方位です。この方位は、暗く淀んだ空間を何よりも嫌うので、明るく、温かい空間づくりを心がけましょう。家の中の暗い場所や使っていない部屋などは、特に陰の気がこもりやすいので、こまめに浄化を。また、ライティングも重要な要素です。調光機能つきの照明器具を取り入れる、夜は間接照明にするなど、照明の使い方を工夫して、心地よく、リラックスできるような空間をつくっていきましょう。

癸山《みずのとざん》

鏡に映るものには要注意

北
7.6度〜22.5度

「后妃」の方位。女性を美しくしてくれるほか、喜びごとや豊かさを増やす性質があります。この方位で大切なのは、鏡やガラスなど、自分を「映し出す」もの。特に、醜い姿やごちゃごちゃした空間が鏡に映ると、それだけで運気が急激に下がってしまいます。鏡にはできるだけ美しく整頓された空間、きれいな自分を映すように心がけましょう。美意識を高く保ち、「美しい」と思えるものをインテリアに取り入れると、さらに運気が活性化します。

座山の性質と
インテリアのポイント

北東

「土」の方位。大地が隆起してできる「山」を意味する方位で、変化と継続の運気があります。転職や独立のほか、投資や貯蓄などにもおすすめ。この方位は不浄な空間をことのほか嫌うので、家にはぜひ空気清浄機を。フレームを互い違いに飾るなど、変化を意識すると運気が増えやすくなります。

丑山《うしざん》
いらないものはすぐに処分

北東
22.6度
〜
37.5度

「墓庫」と呼ばれる方位のひとつ。「ためる」気が強く、蓄財の運気がありますが、その半面、いらないものをため込むと悪い運がたまり、辛い環境から抜け出せなくなってしまいます。この方位でよい運気を得るためには、整理整頓を心がけ、いらないものはすぐに処分する習慣づけを。少ない持ち物で暮らす「ミニマリスト」を目指す人にとっては暮らしやすい方位です。収納の使い勝手にも気を配り、スッキリとしたバランスのいい空間をつくっていきましょう。

「北東」のインテリアのおすすめカラー

女性のみの場合……白：オレンジを8：2の割合で
オレンジの代わりにフォレストグリーンでもOK

男性と同居の場合……白×クリームまたはライトグリーン

艮山《ごんざん》

北東
37.6度
〜
52.5度

空気清浄機できれいな空気を

「変化」の気をもつ方位。どんな変化が起こるかはその家の環境次第です。運気を活性化させるポイントは「清浄化」。この方位は潔癖で、不浄を何より嫌うので、空気清浄機を置くなど、家の中の空気をきれいにするように心がけてください。空間浄化もまめに行いましょう。特に「入り口」付近が不浄だと、そこから悪い気が入ってきてしまうので、玄関や各部屋のドアまわりはいつもきれいに掃除し、清浄にしておいて。

寅山《とらざん》

北東
52.6度
〜
67.5度

電磁波やタコ足配線に注意

人生を根こそぎひっくり返すほど激しい変化の気をもつ方位。半面、安定が得づらいというデメリットもあります。よい変化をもたらすポイントは「火」。キッチン、ダイニング、電化製品まわり、窓、鏡、照明器具、神棚など、「火」に属するスペースは常に清浄にしておきましょう。電磁波やタコ足配線など、悪い「火」を発するものにも注意して。また、部屋の内装にタイル、珪藻土、漆喰などを取り入れると、浄化作用が高まります。

座山の性質と
インテリアのポイント

東

成長と発展の運気をもつ「木」の方位。子どもの成長や仕事の発展を促してくれるほか、アンチエイジングにも◎。インテリア性のある空間に運がやってくるので、花瓶ひとつでもおしゃれなものを吟味するなど、インテリアにこだわりをもち、常に「今」を感じられる空間づくりを心がけましょう。

甲山《きのえざん》
水まわりに気を配って

東
67.6度〜82.5度

「病魔宮」と呼ばれる方位。「水」の気を淀ませると「病魔宮」の気が発動してしまうので、水まわりに気を配って。特にトイレの汚れや臭いは病の気を呼び込んでしまうので、使うたびに掃除をし、常に清潔な状態にしておきましょう。トイレのインテリアを白ベースにするのも効果的です。また、この方位には財運を得るという象意も。インテリアにデザイン性のあるものを取り入れると、財に関する気が活性化します。

「東」のインテリアのおすすめカラー

ライトグリーン、ペールブルー、オレンジ

卯山《うざん》

東
82.6度〜97.5度

花やグリーンを積極的に取り入れて

光や活力をもたらし、成長を促してくれる方位です。この座山の気を活性化させるためには、「生気」が不可欠。花やグリーンなど、生気のあるものを積極的に取り入れましょう。特に鏡の前に飾ると効果的です。ただし、飾るときはインテリアに合わせておしゃれに。「ただ置いただけ」の状態では効果がありません。また、紙ゴミをため込むとそこから運気が衰退するので、読み終わった本や雑誌、古新聞、いらない紙袋や包装紙などは早めに処分を。

乙山《きのとざん》

東
97.6度〜112.5度

「飾る」意識をもちセンスよく

「功曹宮」と呼ばれ、工芸や芸術、芸能などをつかさどる座山です。この方位では、どんなにきれいに整っていても、インテリアが無個性で凡庸だと運はこないので気をつけて。小物や雑貨をおしゃれにディスプレイする、コレクションアイテムを飾るなど、「センスよく飾る」ことを意識した空間づくりを心がけましょう。あなたのセンスがそのまま運に反映されます。自分のセンスに自信がなければ、雑誌のインテリアをお手本にして。

座山の性質と
インテリアのポイント

東南

強い「風」の気をもち、縁全般をつかさどる方位。恋愛だけでなく、さまざまな人や物事との出会いを呼び込んでくれます。

この方位で一番大切なのは、風通しのよさ。家の中によい香りを漂わせると、よい縁に出会いやすくなります。逆に悪臭は運気ダウンにつながるので気をつけて。

辰山《たつざん》
楽しかった思い出写真を

東南
112.6度
〜
127.5度

「墓庫」と呼ばれる方位のひとつで、「時」をため込む性質があります。運気を活性化させるポイントは「楽しかった時」を空間に刻むこと。結婚式や家族旅行など、楽しかった時の写真をフレームに入れ、飾っておきましょう。逆に、どんなに写りがよくても、ケンカなど、嫌なことがあったときの写真は飾らないこと。また、ハロウィンにカボチャ、クリスマスにツリーを飾るなど、季節感をインテリアに取り入れると、運がより豊かになります。

巽山《そんざん》
風通しのよさで運気アップ

東南
127.6度〜142.5度

「文章宮」と呼ばれ、学力や文才を与えてくれる方位です。試験に強くなる、地位が安定するといった運気も。この方位の運気アップポイントは「清涼感」。スッキリとしたさわやかな空間づくりを心がけましょう。風通しのよさが運のよさにつながるので、窓を開けても風が通らない場合は、シーリングファンやサーキュレーターを取り入れて。また、香りも重要です。ゴミの臭いやカビ臭さなど、不快な臭いは徹底的にシャットアウトしましょう。

巳山《みざん》
賞味期限切れ食品に注意を

東南
142.6度〜157.5度

「食禄」と呼ばれ、食を豊かにすることで、豊かさが得られる方位です。この方位で何より大切なのは、食の空間であるキッチン。キッチンには余計な物をごちゃごちゃ置かず、使い勝手よく整えましょう。冷蔵庫や食品収納スペースに賞味期限切れの食品をため込むのも運気低下につながるので気をつけて。また、ランチョンマットやクロスで食卓を飾る、テーブルセッティングにこだわるなど、食を「彩る」ことも運気アップにつながります。

「東南」のインテリアのおすすめカラー

オレンジ、ミントグリーン

座山の性質と
インテリアのポイント

南

美しさや知性をつかさどる「火」の方位。ステータスや出世運アップに効果があるほか、カリスマ性や直感力も高めてくれます。「火」をよい方向に燃やすことで運気が上がるので、悪い「火」の気をもつプラスチック製品はできる限り排除し、木製のアイテムを積極的に取り入れて、モダンでおしゃれな空間づくりを。

丙山《ひのえざん》
家具は高級感あるもので

南
157.6度
〜
172.5度

「貴」の性質をもち、ステータスや名誉、地位などをつかさどる方位です。運気を活性化させるポイントは、高級感、グレード感のあるインテリア。安い家具を使うのが悪いわけではありませんが、全部が安物なのはNG。できる限り、素材が上質で、高級感があるものでそろえるようにしましょう。また、この方位は、プラスチックのような再生されない素材を嫌いますから、小さなものでもなるべく天然素材のものを使うようにして。

「南」のインテリアのおすすめカラー

ライムグリーン、ベージュ、生成り、白

午山《うまざん》

黒色は極力排除する

南
172.6度〜187.5度

この方位の家は、入り口が北向きで日光が入らないため、空間が陰に覆われやすくなります。どの方位より「陰」の気を嫌う半面、「陰」の気に染まりやすい性質をもっているので、空間に漂う「陰」の気をできるだけ消していくように心がけましょう。家の中のあらゆるものをきちんと活用して命を与え、使わないものや空間がないようにして。また、「陰」の気を強める黒い色は極力排除しましょう。照明に気を配り、明るい空間をつくっていくことも大切です。

丁山《ひのとざん》

リラックスできる空間づくりを

南
187.6度〜202.5度

健康や長寿、安心を与えてくれる「南極星」の方位。自分や家族がゆったりとリラックスできる空間をつくることが、運気の活性化につながります。どんなにおしゃれでも、とげとげしい雰囲気のインテリアはＮＧ。とがったシャープな形のものは排除し、リビングに座り心地のよいソファを置く、花やグリーンを飾る、ゆったりした音楽をかけるなど、家全体を安らぎの空間にしていきましょう。寝室の環境を整え、寝心地をよくすることも大切です。

座山の性質と
インテリアのポイント

南西

「土」の方位。家庭、健康、結婚など、土台を築く力を与えてくれます。子宝運も◎。「土」の気は低いところに集まるので、床掃除をこまめにし、家具は背の低いものに。また、エスニックやフレンチカントリーなど、どこかの国の郷土色を意識したインテリアにすると運気が活性化しやすくなります。

未山《ひつじざん》

日常を楽しむ アイテムの充実を

南西
202.6度
〜
217.5度

「墓庫」と呼ばれる方位のひとつで、実利をため込む性質があります。この方位では、日常生活を楽しむことが運気の活性化につながるので、キッチンの収納やインテリアを工夫して料理を楽しんだり、ティーグッズを充実させてお茶の時間を楽しんだりと、日々の暮らしを楽しむための空間づくりを。ただし、使わない食器やキッチングッズなどはため込まないようにして。美しく使い勝手のいい収納も、運気を上げるポイントになります。

「南西」のインテリアのおすすめカラー

ベージュ、パステルイエロー、ライムグリーン
女性はコーラルピンクを使うのも◯

坤山《こんざん》
部屋の四隅はいつもきれいに

南西
217.6度〜232.5度

地盤を強固にし、安定や信頼を与えてくれます。地盤がぐらつくと運気が下がるので、「とりあえず」「いつかそのうち」という宙ぶらりんな状態で暮らすのはＮＧ。自分のベースの環境をしっかり整えて生活しましょう。特にリビング、ダイニングの環境が大切です。また、部屋の四隅、床、収納など、地盤を表すスペースをよい状態に保って。さらに、勝手口や裏口がある家は、たとえ使っていなくてもその付近をきちんと掃除して整えておきましょう。

申山《さるざん》
お風呂の残り湯は放置しない

南西
232.6度〜247.5度

「玉璽」と呼ばれる方位。喜びごとを与え、物事をよい方向に導いてくれる運気があります。この方位は、悪い水がたまっていると運気が悪化するので、お風呂の残り湯や花瓶の水などを放置しないこと。一軒家の場合、排水溝の流れが悪くなっていないかもチェックしましょう。また、床に悪い気がたまるのでこまめに床を磨き、ラグやマット類は数年ごとに取り替えて。ホコリっぽい空間も運気低下を招くので特にカーペット敷きの家は注意しましょう。

座山の性質と
インテリアのポイント

西

「金」の方位。豊かさや楽しみごとをもたらしてくれますが、運気が悪い方向に働くと、金運ダウンに加えて、太りやすくなる危険性も。インテリアでは、金運をつかさどるキッチンを重点的に整えましょう。また、安っぽいものを置くと「金」の気が消耗するので、家具やファブリックは上質なものを選んで。

庚山《かのえざん》
すべてのものに定位置を決める

西
247.6度〜262.5度

「武耀宮」と呼ばれ、決断力や行動力を与えてくれます。この方位はルーズさやあいまいさを嫌うので、探しているものが見つからない、どこにあるか分からないといった状態はNG。家の中のものはすべて定位置を決め、きちんと管理するように心がけましょう。空間全体を、責任をもって管理することで運がやってきます。特にキッチンまわりの収納に気を配って。リモコンなどの操作器具も置き場所をきちんと決めましょう。

「西」のインテリアのおすすめカラー

女性のみの場合……ピンク、パステルイエロー、白、アイボリー

男性と同居の場合……クリームイエロー、ブラウンベージュ、カーキ×アイボリー

酉山《とりざん》

天然素材のファブリックを

西
262.6度〜277.5度

名声や高貴さ、財を表す方位。女性に幸せをもたらしてくれる働きもあります。運気を活性化させるポイントは、心地よい素材感のファブリック。シルクなどすべすべしたなめらかな質感が運気を呼び込みます。この方位は化繊を嫌うので、ファブリック類は天然素材のものを選びましょう。また、物をため込むと女性は太りやすくなります。特に水まわりの収納には気を配って。水まわりが汚れていると恋愛で身を持ち崩すことにもつながります。

辛山《かのとざん》

空間に豊かさを取り入れて

西
277.6度〜292.5度

英知を表す方位。巽山と同じく「文章宮」と呼ばれますが、辛山はどちらかというと創作より研究向きです。この方位では、実用だけの空間にしないことが大切。クッションやガーデンチェア、飾って楽しむ雑貨など、「なくても困らないけれど、あると心が豊かになる」ものを取り入れ、空間に豊かさをプラスしましょう。また、掛け軸や洋書、文字が書かれたファブリックボードなどを飾ると、学力が向上する運気が得られます。

座山の性質と
インテリアのポイント

北西

「金」の方位。財やステータスをもたらし、出世運アップに効果的な方位です。玉の輿運も◎。「主人」を表す方位でもあるので、チープなものは排除し、上品かつグレード感のある空間づくりを心がけましょう。絵画や作家ものの陶器、クリスタルの置物など、格の高いものを置くのも効果的です。

戌山《いぬざん》
部屋の四隅を清浄に

北西
292.6度
〜
307.5度

「僥倖」と呼ばれる方位。「墓庫」のひとつでもあり、喜びごとや財を呼び込み、蓄える運気がありま す。ポイントは「清浄化」。特に部屋の四隅、床、神棚、仏壇まわりは、常に清浄にしておきましょう。ホコリをためないことも大切。また、家の中の気の流れが滞ると環境が悪化し、どんどん追い詰められてしまうので気をつけて。バカラなど高級なクリスタルアイテムや絵画など、グレードの高いものを飾ると空間のステータスが上がり、運気が活性化します。

「北西」のインテリアのおすすめカラー

クリーム、ベージュ、ライラック、シルバー
女性はベビーピンクも○

乾山《けんざん》

季節ごとの模様替えは○

北西
307.6度〜322.5度

権威や威厳を表す方位。地位や名誉を与えてくれます。ポイントは「変化」。季節ごとにクッションやカーテンを替える、定期的に家具の配置を変えるなど、頻繁に模様替えをして、空間に変化を与えるよう心がけましょう。変化がない空間で暮らしていると、心が凝り固まり、頑固になって周囲から孤立しやすくなります。また、げた箱を清浄にしたり、靴の裏をふいてからしまったりすると、社会的に高い地位を得られます。

亥山《いざん》

インテリアは統一感を重視

北西
322.6度〜337.5度

二十四方位を統べる天子の方位。財、高い地位、高貴、尊厳などの運気をもっています。この方位のインテリアは、統一感が大切。色づかいやテーマは部屋ごとに変えてもかまいませんが、同じ空間でちぐはぐな印象にならないよう気を配ること。家具や雑貨はグレード感のあるものを選んで。また、ごはんを炊く「火」（炊飯器、ガスコンロなど）と、トイレの「水」を大切にしましょう。とりわけ、「火」と「水」が同時に存在するキッチンは常に清潔にして。

Column

置き方に気をつけたい風水グッズ

水晶や盛り塩など、
開運グッズと呼ばれているものは、
置き方によっては逆に運気が
落ちてしまうものもあります。
この機会に、家に
置いていいものと悪いもの、
またそれらを置くときのポイントを
ぜひ覚えておいてください。

水晶

空間を清浄化してくれるアイテムですが、飾る場合はインテリアとの調和を考えて。また、定期的に塩水に漬ける、お香の煙にあてるなどして浄化しないと、吸い取った悪い気が空間に逆流して運が落ちてしまいます。家の中で一番大きな天然石は、その家の「要石」（90ページ参照）になるため、必ず座山に置くこと。

盛り塩

空間にこもる悪い気を吸い取ってくれます。見た人に盛り塩だと分かってしまうと逆効果なので、フタつきの香炉やポプリポットなどに入れてセンスよく飾って。また、置きっぱなしだと吸い取った悪い気が空間に放出されてしまうので、3日に一度は交換を。水晶などの天然石と一緒に置けば、週に一度の交換でOK。

龍の置物など

龍の置物や干支の置物など、運を招くとされているアイテムを飾る場合は、周囲とのバランスが大切。金屏風の前に置くなど、ことさらに目立たせるような飾り方は、かえって運気を落とします。その部屋のインテリアになじみ、素敵に見えるような飾り方を。

招き猫

運を招くといわれていますが、お店などの自営業、もしくは人の出入りが非常に多い家以外はおすすめできないアイテムです。普通のお宅に置くと、運を上げるどころかむしろ金運ダウンにつながることも。どうしても置きたい場合は、部屋ではなく廊下に。

Chapter 5

「ほしい運気」を手に入れる部屋づくり

結婚、仕事、お金etc.
あなたが手に入れたい運は何でしょうか？
それぞれの部屋づくりのポイントをご紹介。

出会い運がほしいなら、風通しをよくする

風水では、あらゆるものや人との出会いは「風」が運んできてくれると考えます。出会い運がほしい人は、まず風通しのいい環境づくりから始めましょう。

窓は1日に1回は必ず開け、家中に風を通します。アレルギーがあって、花粉の舞う季節は窓が開けられない人は、サーキュレーターやシーリングファンで強制的に風を起こして。風にホコリやゴミが混じっていると逆効果になるので、こまめに床掃除をすることも大切です。

また、湿度が高いと風の気が立ちにくくなるので、水まわりやシンクの下など、湿気がたまりやすいところはこまめに除湿しましょう。

押し入れやげた箱、クローゼットなども、定期的に扉を開け放して風を入れましょう。あまりぎゅうぎゅうに物を詰め込まず、風が入るすき間を空けておくこ

とも大切です。

クローゼットや押し入れの中で使う収納アイテムも、ラタンやクラフトなど、風通しのよい素材のものを選びましょう。おすすめは**白いラタンのボックス**。肌に直接ふれる下着類の収納にも気を配りましょう。

窓のカーテンはホコリがたまらないよう、定期的に洗濯して。シンプルなカーテンを使っている人は、**レースのカーテンをかわいいものにする**と、出会いが訪れやすくなります。

カーテンを買い替えるのが難しければ、タッセルをおしゃれなものにしたり、タッセルの代わりにリボンで結んだりするだけでも効果があります。

インテリアのメインカラーは座山のカラーに合わせるのが基本ですが、**オレンジ**や**オレンジピンク**を取り入れると出会い運がグンとアップ！　ピンクは「水」の気が強くなりすぎるので、避けたほうが無難。黒、青もメインカラーに使うのは避けましょう。

出会い運アップのおすすめアイテム

1. 白いラタンのボックス
2. レースのかわいいカーテン
3. オレンジやオレンジピンクのアイテム

「香り」「花」「光」は出会いを呼ぶキーアイテム

出会いを手に入れるために、なくてはならないもの、それは**「香り」「花」「光」**です。

住んでいる空間にこの3つがない人は、たとえ「この人、素敵！」という人に出会えても、そこから縁をつむいでいくことができません。

香りはいろいろな種類があるので、ぜひ自分の好みのものを見つけてください。ただし、必ず**天然の香り**を選んでくださいね。化学的に合成された香りを身につけていると、出会った相手とケンカが絶えなくなってしまいます。おすすめは**オレンジ**や**花の香り**。自分が身につけるだけでなく、アロマディフューザーで部屋に香りを漂わせる、洗濯物を干すときにリネンスプレーを吹きかけるなど、常に「香りとともに暮らす」ことで、出会いに恵まれやすくなります。

花は、その**季節の花**であれば何でも大丈夫。高価なものでなくてもかまいませんし、たくさん買うのが難しければ、一輪挿しに1本生けておくだけでも十分です。

飾る場所は、**1カ所なら玄関**に。何カ所かに分けて飾るなら、寝室のベッドサイドや洗面所の鏡の前などにも飾るのがおすすめ。生花を買う余裕がない人や、花を飾る場所がない人は、代わりに生花の写真やポストカードを飾っておきましょう。

光には、**太陽の光**だけでなく、**照明**も含まれます。

窓から日光を取り入れるほか、部屋の照明にも気を配りましょう。玄関や廊下など、風の通り道になる場所は、特に明るくしておきたいですね。

リビングやダイニングには、メインのシーリングライトだけでなく、サブライトも置くと、補充の運気がもらえます。アロマライトを使えば、香りの効果も加わってさらに運気アップ。

出会い運アップの
おすすめアイテム

1. 天然オレンジの香りのアロマ
2. 季節のお花
3. サブライト、アロマライト

恋愛運がほしい人は北側に花と香りを

出会いはあるけれど、なかなか縁に発展しない、あるいはつき合い始めた相手とさらに縁を深めたい、そんな人は、「水」の要素を多めにしたインテリアで、愛され度を高めていきましょう。

ベースは出会い運アップのインテリアと同じでOK。そこに、**ピンク**（色）や**レース**、**フリル**といった「水」の要素を加えるのが秘訣です。

「水」の気が強いピンクは、出会い運がほしい人の部屋には不向きですが、すでに出会いがあり、その先に進みたい人にはぴったりの色。ぜひメインカラーとして使ってみてください。

小花柄や**レース**、**フリル**なども、子どもっぽくならないよう、エレガントさを意識しながら取り入れていきましょう。

また、**花と香り**は必須アイテム。特に「水」の方位である北側に重点的に花を飾るようにしましょう。なお、たくさんの花をごくたまに飾るより、一輪の花を絶やさずに飾っておくほうがずっと効果的だということも覚えておいてください。香りは**ローズなど、甘い花の香り**がおすすめです。

部屋にある**鏡のフレーム**にも着目して。フレームがかわいい鏡に自分を映すと、そのイメージが自分の容姿のイメージになります。

さらに、食卓で使っているお皿や茶碗にも目を向けてみましょう。

普段使っている食器、特に**陶器を少しだけ格上げ**すると、ベースが底上げされます。かわいい**ガラスのお皿や小鉢**に料理を盛ってみるのもおすすめですよ。

恋愛運アップの
おすすめアイテム

1. ローズの香り
2. フレームがかわいい鏡
3. 今使っているものより少し上質な食器

結婚運がほしい人は「床」と「イス」に気配りを

今つき合っている相手とそろそろ結婚を……と考えている人は、**「土」の気を強化する**と結婚ムードが高まります。

「土」の気は低いところに集まるので、**床を毎日掃除し**、フローリングならこまめにワックスをかけてピカピカにしましょう。おしゃれなラグマットを敷くのもおすすめです。

床に物を直置きするのは極力避けて。バッグや脱いだ服、読みかけの雑誌などを床に置きっぱなしにする習慣がある人は、今すぐに改めましょう。

また、**座り心地のよいイスやソファを置く**ことも大切です。

床に座る生活をしているなら、フロアソファやクッションでもOK。

今あるイスの座り心地が今ひとつなら、座面や背中にチェアパッドやクッションを置いて、座り心地を調整しましょう。

インテリアカラーは、**オレンジピンクをメイン**にして、ミントグリーンをアクセントカラーに使いましょう。

ラッキーモチーフは、縁を結んでくれるリボンや、「土」の気をもつギンガムチェック。カーテンをまとめるとき、タッセルの代わりにリボンを使うのもおすすめです。刺繍やパイピングのあるアイテムも積極的に取り入れて。

部屋に漂わせる香りは、ピーチやマンゴーなど、ちょっと甘めのフルーティーなものが◎。

なお、「相手はまだいないけど、とにかく結婚したい」という人もいますが、結婚は出会い、恋愛を経てはじめて見えてくるもの。最初から結婚のことばかり考えていると、風が止まり、かえって縁が遠のいてしまいます。そういう人は、焦らずに、まず出会い運アップのインテリア（110～112ページ）から始めてみてくださいね。

結婚運アップの
おすすめアイテム

1. 座り心地のよいイス、ソファ
2. ギンガムチェックのカーテン
3. 刺繍やパイピングのアイテム

金運がほしい人は「キッチン」「水まわり」をきれいに

金運アップのカギを握るのは、キッチンと水まわり。キッチンがごちゃついていたり、コンロまわりやシンクが汚れていたりすると、お金があっという間になくなってしまいます。

キッチンはこまめに掃除をし、スッキリと見えるように整頓しておきましょう。しょうゆやみりんといった調味料は、同じデザインのボトルに入れ替えて並べるなど、**収納アイテムを統一する**ことも大切です。調味料入れやツール立ては、なるべく「土」の気をもつ陶器のものを使い、「火」の気を抑えましょう。

バスルームやトイレ、洗面所などの水まわりも、こまめに掃除をしていつも清浄を保ちます。特に**水あかやカビは金運の大敵**ですから気をつけて。

同じく「水」のスペースである**寝室も重要な場所**です。寝室がごちゃごちゃしていると、運気の再生が妨げられ、どんどん運が落ちていきます。寝室にはあまり余計な物を置かないようにし、原色や柄もののベッドファブリック類は避けて、スッキリとした空間をつくっていきましょう。

また、「金」の気は丸い形をしているので、猫脚のテーブルや丸形のライトなど、**曲線的なアイテム**を積極的に取り入れましょう。クッションやソーサーつきのティーカップ、箸置き、ランチョンマットなど、「なくてもいいけれど、あったら豊かな気持ちになれる」ものを増やすのも、金運アップにつながります。

なお、金運がほしいからといって、黄色い小物や花を家中に置く人がいますが、これは**逆効果**。

金運は自分をまっすぐに追いかけてくる気を嫌います。金運に好かれたいなら、「お金がほしいオーラ」をギラギラさせるのはやめましょう。

金運アップの
おすすめアイテム

1. 陶器の調味料入れ
2. 猫脚のテーブル
3. 丸い形のクッションやライト

仕事運がほしい人は鏡を磨き、電波時計を置いて

仕事運をつかさどっているのは「木」の気。仕事ができる人になりたいなら、「木」の気に関わるものに気を配りましょう。

特に気をつけたほうがいいのは**「時」を示すアイテム**。時計が狂っていると、時が乱れてチャンスやタイミングに恵まれなくなり、仕事での成果も上がらなくなります。家に置く時計は**電波時計**にし、いつも正確な時を刻むようにしましょう。

また、**本や新聞、雑誌、書類などの「紙」**も「木」のアイテム。これらは定期的に見直し、古いものは処分するように心がけましょう。本は電子書籍で買い直すなど、デジタル化して紙を減らすのもひとつの手です。

家の中に流れている**「音」**にも気を配りましょう。いつもテレビをつけっぱなしにしているなど、雑多な音が流れ続けている環境は、仕事運に悪影響を及ぼします。テレ

ビは見たい番組があるときだけつけ、それ以外の時間は心地よい音楽をかけるようにしましょう。音楽はどんなジャンルのものでもかまいませんが、**耳に心地よいもの**を選んで。ボーカルの入っていないインストゥルメンタルのような曲のほうが、集中力アップを促し、仕事運には効果的。

また、よい言霊は運気を高めてくれる効果があるので、**自分のイニシャルをかたどったオブジェ**を飾ったり、好きな言葉や格言を英語で書いたものを壁に貼ったりするのもおすすめです。

就職活動中の人、転職を考えている人は、**鏡をきれいに磨く**ことも大切です。鏡が曇っていると、自分自身が見えず、就職活動もうまくいきません。

なお、パソコンに不要なデータ、古いデータがたくさん入っていたり、電化製品のコードやケーブルがこんがらかっていたりするのも、就職活動に支障が出るので気をつけましょう。

仕事運アップの
おすすめアイテム

1. 耳に心地よい音楽
2. 正確な時を刻む電波時計
3. 自分のイニシャルをかたどったオブジェ

出世運がほしい人は書斎か専用コーナーを

　ご主人の会社でのステータスを上げたい人は、まず家のインテリアがご主人中心になっているかどうかを見直してみてください。住空間はすべての運のベースになるもの。インテリアに関する主導権は夫婦どちらが握っていてもかまいませんが、ご主人がくつろげないような家では、ご主人の出世は望めません。**ソファやイスの座り心地**がよくない、リビングに座ったときに目の前がごちゃごちゃしている、インテリアが子ども中心になっていて**ご主人の居場所**がないなど、思い当たる点があるなら、今すぐに改善していきましょう。

　さらに、部屋数やスペースに余裕があれば、家のどこかに**ご主人専用のスペース**を設けましょう。方角は主人の方位である**北西がベスト**ですが、それ以外の方位でもOK。書斎としてひと部室丸ごとご主人専用にするか、それが無理ならリビングの一角にデスクを置いてパソコンコーナーにしたり、壁に棚をつけてコレクションしているアイテムを並べたりしても◯。

また、出世運を上げる最も効果的な方法は、**ご主人本人にトイレ掃除をしてもらう**ことです。トイレ掃除は、掃除をした人にダイレクトに運がもたらされる開運行動。毎日が無理なら、週に1回でもかまいません。自分でトイレ掃除をするだけで、めきめき運が上がっていきますよ。

出世運アップのおすすめアイテム

1. ご主人専用のイス
2. リビングの一角に
ご主人のためのコーナー
3. 専用棚のコレクションアイテム

健康運がほしい人は「トイレ」と「床」を毎日掃除して

病の気を遠ざけたい人、もっと健康になりたい人は、トイレと床がキーポイント。この2つの場所を、常にきれいにしておくように心がけましょう。

特に**トイレは健康運の要**。ここが淀むと病の気が家中に広がってしまいます。トイレの水毒は床から広がっていくので、掃除をするときは必ず床から始め、上に上がっていくようにしましょう。

また、床が淀んでいると健康を害しやすくなりますから、**床掃除を毎日の習慣**にしましょう。仕事が忙しくて掃除をする時間がとれないという人は、出勤前にシート式のモップでサッと家全体をふくだけでもOKです。さらに、晴れた日は、朝必ず窓を開け、陽気を取り入れるようにしてください。

さらに、部屋の四隅がすべて家具などで埋まっていると、健康運をつかさどる

「土」の気が活性化しにくくなってしまいます。特にリビングや寝室は、４つのコーナーのうち、**少なくとも１カ所は空けておくようにしましょう。**なお、グリーンの鉢や、小さいコーナーテーブルくらいなら置いておいても支障はありません。

健康運アップのおすすめアイテム

1. 使いやすいトイレ掃除道具
2. 床掃除用のシート式モップ

Column

こんな部屋で暮らしている人は出会い運ゼロ？

ぬいぐるみやキャラクターグッズが所狭しと飾られている

あなたが吸うはずの縁の気をぬいぐるみに吸われてしまうので、出会いに恵まれなくなります。大きなぬいぐるみほどたくさんの気を吸うので、影響力も大。どうしても置きたいなら、特に気に入っているものを1体か2体だけ残し、それ以外はしまっておきましょう。

全身が映る鏡が1枚もない

自分自身が見えていない人には出会いは訪れません。出会いがほしいなら、今すぐ姿見を買いましょう。フィルムタイプの軽量鏡なら、フックなどで壁にかけられますし、割れる心配もなくて安心です。

時計が遅れている、あるいは進んでいる

時を正しく動かさないと出会いが止まってしまうので、時計の時刻は正確に。電波時計にすれば、いちいち合わせなくても常に正確な時を刻んでくれます。

Chapter 6

インテリア風水 8つの法則と 9つのルール

インテリア風水を実践するうえで
気をつけてほしい点を
法則とルールにまとめました。

法則 1

鬼《き》角《かく》の法則
——角や梁《はり》はできる限り隠す

柱の角やタンスの角、天井の梁などの「角」は、風水では「**鬼角**」と呼ばれます。鬼角は、空間や人を切る、いわば刃物のようなもので、鬼角によって切られ続けている空間はさっ気が生まれやすくなります。

さらに、切られているのが人なら、運気が下がるだけでなく、健康状態にも悪影響を及ぼしますから、**できる限り隠す**ようにしましょう。

最もよくないのは、**ベッドサイドの鬼角**。寝ている間に体を切られると、切られている部分が病気になったりケガをしたりする可能性が高くなります。特に内臓や頭などは影響が出やすいので要注意。リビングのソファの後ろなど、くつろぐ場所の背後に鬼角があるのもよくありません。

玄関を入ってすぐのところ、あるいは玄関のすぐ外に鬼角がある場合も、運気や体が常に切られている状態になるため、３年以内に病気になったり急激に運気が下がったりする可能性が高いとされています。

これらの鬼角は、モール材でモールディングする、赤ちゃん用のコーナーガードで覆うなどして、できる限りカバーしましょう。

天井の梁など、水平方向の鬼角なら、カーテンを垂らしたり、リボンやテープを角に沿って貼ったりして隠しても◯。また、**鬼角の前に植物を置く**のも効果的。ただし、この場合は人間の代わりに植物が切られることになるので、植物はあまり長持ちしません。

家の外に鬼角がある場合は、八卦鏡と呼ばれる八角形の鏡を家の外にかけて、さっ気をはね返すのが最も効果的ですが、鏡の扱い方が難しいので、自己判断は避け、専門家に相談のうえ、対処してください。

法則2

S字の法則

——まっすぐよりも緩やかな曲線を

よい運をもたらす旺気《おうき》は、蛇行する龍のように緩やかなS字を描きながら進む性質があります。一方、悪い運をもたらすさっ気は、曲がらずにまっすぐ進む性質があります。

ですから、玄関や廊下といった**気の通り道を緩やかなS字型にする**と、旺気をスムーズに招き入れることができます。

家の廊下がまっすぐで長い場合は、植物やフロアライトを置いて、旺気を引き寄せましょう。壁に絵や写真を互い違いにかけるのも効果的です。

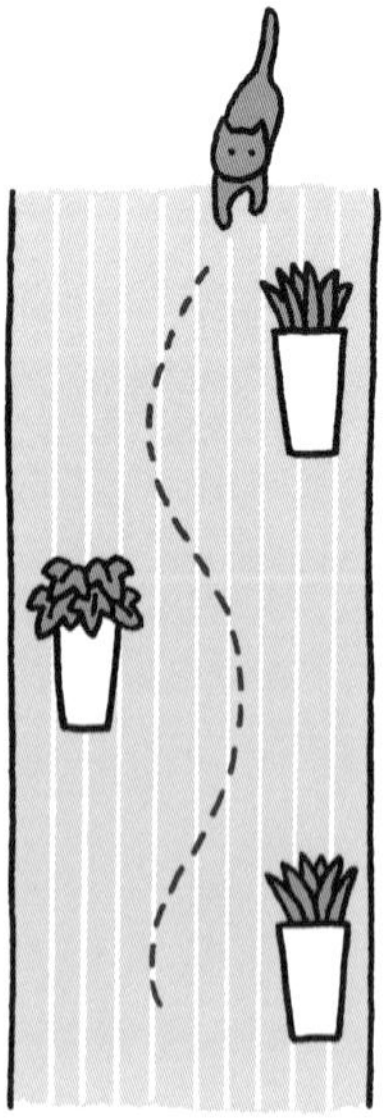

法則3

気暢の法則
——部屋をより広く見せるようにする

風水では、空間を伸びやかに広々と見せることで、より多くのエネルギーを空間に引き込めると考えます。実際の広さにかかわらず、**視覚的に「広く見せる」**ことが運気の増幅につながるのです。特に、部屋に入ったときに感じる伸びやかさが、その部屋にどれだけ旺気が入ってくるかの決め手になります。また、広々と見せることは、さっ気を防ぐ効果もあります。

部屋をより広く見せるためにはさまざまな方法がありますが、おすすめなのは**鏡を壁にかける**こと。それだけで空間が伸びやかに見えます。

また、同じ広さでも、暗い部屋より明るい部屋のほうが広く見えるので、ライティングにも気を配りましょう。

法則
4

幽曲《ゆうきょく》の法則
――インテリアにも常に変化を

幽とは趣、曲とは変化。常に変化があり、かつ趣のある空間にこそ、運がもたらされるという法則です。

すべての物事は変化から生じます。家から運をもらいたいなら、インテリアにも**絶えず変化を加えていく**必要があるのです。季節の変化を取り込むのはもちろん、音楽を流したり、花を飾ったりするのも、運を生み出すことにつながります。

また、家は住んでいるだけではただの箱にすぎません。コレクションアイテムを飾るなど趣を加えることで、あなたに運をくれる空間になるのです。

マンションや建売住宅など、同じつくりの家が並んでいる場合は、オリジナルの表札をつける、ドアにリースを飾るなど、インテリアだけでなく、**家の外装にも変化をつける**ように心がけましょう。

法則
5

死の法則
――生命のないもの、黒、三角形に注意

風水では、「死」を連想させる要素は忌むべきものとされています。代表的なのは、枯れた花やドライフラワー、動物の剥製、毛皮、ペットの遺骨など。これらはいずれも生命のない「死体」そのものです。本物の動物ではなくても、リアルなアニマル柄の衣類、精巧なフェイクファーなども、動物の死骸を連想させるのでNG。首でつるされた人形やスカルモチーフなども同様です。

色では**「黒」**、素材では自力で再生できない**プラスチック素材**が「死」に属します。また、**三角形**も風水では死を表すモチーフとされています。モチーフとして使うのはもちろんのこと、階段下などにある三角形のスペースも要注意。布でカバーするか、植物やライトなどを置いて陽の気を補うようにしましょう。

法則
6

旋転《せんてん》の法則

——高いものは奥にし、気の流れを整える

部屋の中の気の流れを整えるための法則です。

気は部屋の入り口から入ってきますから、部屋に家具を置くときは、入り口付近に背の低いものや小さいものを置き、**背の高いものや大きいものはなるべく奥に置く**ようにします。入り口を広く空け、より多くの気を部屋に導き入れるためです。

また、ドアのすぐ近くに家具を置くのもできれば避けたいもの。

特にドアの正面に家具を置く場合は、ドアから自分の身長と同じくらいの距離（無理ならその半分でもＯＫ）を空けるように心がけましょう。

法則 7

背後の法則
——人に「見られる」ことで運気がダウン

人は、目で見ることで気を受け止めたり、それをはね返したりしていますが、背中には目がないので、**背後から受けた気に対しては無防備**です。

そのため、自分の背後に入り口のドアがあったり、人が座っていたりすると、知らず知らずのうちに気を消耗し、運が減っていってしまいます。たとえ人の出入りがなくても、イスやドア、ベッドなど、人の気配がするものが背後にあるだけで、気は消耗します。

子ども部屋や書斎の家具の配置を考えるときは、くれぐれもこの点に気を配って。机に向かっているときに、部屋に入ってきた**人から背中を見られるような配置はNG**です。

リビングにパソコン用のデスクなどを置く場合も同様です。どうしても机の位置が動かせないなら、背中の後ろにパーティションを置いて、背後からの視線をブロックしましょう。

また、睡眠中に人からの視線を受けるのも、運気ダウンのもと。「見られる」ことで運の再生が妨げられるだけでなく、心や体にも悪影響を及ぼします。

特にベッドの頭の部分が部屋の入り口のすぐそばにあるような配置は、できれば避けたほうが無難です。もし、どうしてもそこにしか置けないなら、ベッドの横に**パーティション**や棚を置き、視線を遮るようにしてください。

和室に布団を敷いて眠っている人も、布団の向きには気をつけて。くれぐれも頭を入り口に向けて眠らないようにしましょう。

法則8

無条件反射の法則

――目に飛び込んでくるものに、運気が左右される

人は**自分の目で見たものから運気を吸収します**。

とりわけ、玄関を入ってすぐに目にするものからは、非常に強い影響を受けます。ですから、玄関を入ってすぐのところにきれいな花を生けておいたり、よい香りを漂わせたりするのは、運気を上げるためにはとても効果的な方法です。

逆に、動物の剝製やドライフラワーなど、凶意の強いものが置いてあると著しく運気が下がります。

また、玄関を入ってすぐトイレのドアが目に入る家では、家のことを考えるたびにトイレに行きたくなってしまいますし、キッチンが丸見えだと、家＝食べ物を連想して、太りやすくなってしまいます。その場合は、パーティションで空間を区切るか、手前に花やグリーンを置き、視線を別方向に誘導しましょう。

ルール1

掃除と浄化のルール
――基本は床掃除。玄関だけでも毎日水ぶきを

旺気は清浄な空間を好みます。衰気やさっ衰気を追い出すためにも、定期的に掃除をして、空間を清浄に保つようにしましょう。

掃除の**基本は床掃除**。床をこまめにふくことで、床にこもった悪い気がクリアになるだけでなく、さっ気の侵入も防げます。家全体のふき掃除をする時間がとれないなら、玄関だけでも毎日水ぶきしましょう。忙しくて時間がないときは、シート式のフロアモップを使ってもかまいません。その場合は、シートに重曹水をひと吹きしてからふくと◯。

水ぶきに加えて、週に1回は行ってほしいのが**掃除機をかける**こと。水ぶきだけでは悪い気をすべてクリアにすることはできないからです。掃除機はスティックタイプのものでもOK。かけるとき、少しだけ窓を開けておくと悪い気が出て

いきやすくなります。

また、掃除をしたあとは、きれいな状態を3日間キープするように頑張りましょう。3日間維持できれば、空間がその状態を覚えてくれますから、悪い気が定着しにくくなります。掃除のあとに、お香をたいて空間の浄化をしておくと、より効果が高まります（空間浄化の方法は212ページ参照）。

さらに、半年に1回は**重曹ぶき**を。乾いたぞうきんに重曹水をひと吹きして湿らせたもので、床と壁をふきます。重曹には空間の悪い気を浄化する働きがあるので、定期的にこの重曹ぶきを続けることで、悪い気がたまらない空間の体質をつくることができます。半年に1回だとつい忘れがちなので、やる日を前もって決め、カレンダーや手帳に書いておきましょう。大掃除のついでにやるのもおすすめです。

ルール 2

鏡のルール

――大事なことは「鏡に何を映すか」

鏡は、「増幅する力」と「拡散したりはね返したりする力」のふたつをあわせもっているアイテム。使い方次第で運気を何倍にも増やしてくれる一方、扱いを間違えると凶器にもなるため、鏡を上手に使えるようになったら、風水師としては一人前ともいわれています。

鏡を使うときに、何よりも気にかけてほしいのは、「鏡に何を映すか」ということ。鏡は映っているものがなんであれ、そのもののの**もつ気を増幅する力**がありま す。つまり、花などの生気のあるものを映せば、その生気が増幅されますし、ごちゃごちゃした空間や汚いものが映っていれば、逆に悪い気が増幅され、空間に拡散されてしまうのです。

これは、映すものが自分の姿であっても同じこと。笑った顔の自分やきれいにメイクをした自分を映せば、その気が自分に返ってくるので気の充電になります。反対に寝起きでぼうっとした顔ばかり映していると、その気が増幅されて自分の中に蓄積され、そのうち実際の自分の姿も鏡の中の自分に近づいていってしまいます。鏡を部屋に置くからには、できるだけ**きれいなもの、美しいものだけを映す**ように気を配ってください。

また、**鏡は太陽の方角**に向けて置くのが基本。うっかり反対側に向けると、陰の気を増幅することになってしまいます。ただし、陰の方角であっても、きれいに整えられた庭や富士山など、美しい景色が映り込むのであれば問題ありません。

さらに、姿見など大きい鏡は、できるだけ**壁に対して平行になるように設置**しましょう。壁に斜めに立てかけている人もいますが、その状態で鏡に自分を映した場合、自分の顔を下からあおぎ見るような形になります。これは人の顔が最も醜く見える角度。毎日その角度で自分の顔かたちを見ていると、実際の顔かたちも醜くなってしまうのでくれぐれも気をつけてください。

Column

鏡を使うときのNG行動

合わせ鏡

絶対にNG。2枚の鏡をまっすぐに向き合わせると、そこから悪い気が生じてしまいます。三面鏡の場合は、開いて使っているときは合わせ鏡にはならないので大丈夫。使い終わったら必ず閉じておくようにしましょう。

玄関ドアの正面に鏡をかける

玄関の正面に鏡がかかっていると、せっかく玄関から入ってきた気がすべてはね返されてしまいます。玄関や廊下に鏡をかけるときは正面以外の場所に。

寝ている姿を鏡に映す

寝ている姿が鏡に映ると、鏡の中の自分に気をとられてしまうため、吸収できる運気が半減してしまいます。鏡の位置がずらせないなら、寝ている間は布などをかけて姿が映らないようにしましょう。

傷ついた鏡、割れた鏡をそのまま使う

傷の入った鏡に自分の姿を映していると、鏡の傷と同じ場所にケガや病気などが発生しやすくなります。傷がついた鏡はすみやかに処分を。

ルール3

香りのルール
——空間にアロマを吸収させる

香りは、あらゆる運気を活性化するとともに、さまざまな人や物との出会いを引き寄せてくれますから、家の中には常にいい香りを漂わせておきましょう。特に**出会いがほしい人には**、**香りは必須アイテム**です。香りというと自分が身につけるものという感覚が強いかもしれませんが、運のいい空間をつくるためには、空間に香りを吸収させることもとても大切なのです。

アロマオイルや香水、リネンスプレーなどのほか、**焼きたてのパン**の香りや**コーヒー**の香りなども「香り」のひとつ。常によい香りのする空間で過ごしていれば、運が活性化し、ほしい運とも出会いやすくなります。

ただし、香りつきの柔軟剤やトイレの芳香剤など、化学的に合成された香りをプンプン香らせるのは逆効果。化学的な香りは一瞬だけ運気を活性化させるものの、そのあとは急激に運気を悪化させてしまいます。また、どんなによい香りでも、むせかえるような**強い香りはＮＧ**。誰もが心地よく感じるような香りの使い方をマスターしましょう。

逆に、口臭やたばこ、生乾きの洗濯物の臭いなど、人を不快にさせる香りは、不愉快な出来事や自分にとってマイナスになる人との出会いを引き寄せます。どうしても洗濯物を干さなければいけないときは、部屋干し専用の洗剤を使う、除湿機や乾燥機を活用するなど、できるだけ臭いが出ないように工夫しましょう。にんにくや納豆など、臭いの強い食べ物を食べたときは、ダイニングの換気や消臭を忘れずに。また、ゴミ箱やトイレなど、悪臭が発生しやすい場所は、常に清潔にしておくようにしましょう。

ルール
4

窓から見える風景のルール
――気をつけたいのは高速道路が目の前の家

窓から見える風景は、その家のもつ運気を大きく左右します。

きれいな風景や手入れされた庭など、自然豊かな景色が見えるのが理想ですが、なかには隣や向かい側の家しか見えない家も。そういう場合は、自分の家の**ベランダにきれいな花を植える（鉢を置く）**など、少しでも窓からの風景を美しくする工夫をしましょう。

気をつけたほうがいいのは、目の前に高速道路がある家。家の中に流れる気が、高速道路によって切られてしまうので家全体の運気が下がってしまいます。

特に、高速道路と同じ高さ、もしくはそれより下の階に住んでいる人は、ダメージを受けやすくなります。その場合は、高速道路に面している側の窓に**曇りガラス風のシート**などを貼る、ロールスクリーンを降ろすなどして、道路が見えないようにしましょう。

また、窓から鉄塔が見える家も、強い「火」の気を受けやすくなります。この場合も、曇りガラス風のシートで隠す、もしくはベランダにラティスや生け垣で壁をつくる、樹木などを植える（置く）などして、家の中から見えないように工夫しましょう。なお、東京タワーのようなランドマーク的な鉄塔はステータスアップにつながるので、遠くに見えるくらいなら問題ありませんが、家のすぐ近くにある場合はほかの鉄塔と同じような対応が必要です。

そのほか、マンションなどで、窓からゴミ置き場が見えるのもNG。この場合も、植物の鉢やラティスなどで見えないように工夫しましょう。

ルール
5

水まわりのルール
――淀まない生活を心がけて

洗面所、バスルーム、トイレといった水まわりは、金運や愛情運、健康運など、「水」の気がもたらす運をすべてつかさどる場所。水まわりが淀んでいると、これらの運がどんどん失われていってしまいます。

特に注意してほしいのは、水あかとカビ。シンクや水栓などに水あかがこびりついていると、貧乏ぐせがとれなくなりますし、1カ所でもカビが生えていると、さらに貧乏になっていってしまいます。

「水」の気には「隠れる」という象意があるので、排水口の中やシャンプーボトルの底など、普段は見えていない部分に水あかやぬめりがついているのも、運気を落とすことになります。

といって、やたらと合成洗剤を使うのもNG。

悪い「火」の気をもつ合成洗剤は「水」の気を淀ませてしまいます。水まわりでは重曹やクエン酸などを上手に使った**エコ掃除**を心がけましょう。入浴時にお風呂のお湯に重曹を溶かしておくと、浴槽の掃除もしやすくなります（肌の弱い方は避けてください）。

また、水まわりの**「冷え」も運の大敵**です。「水」の気は冷えると陰に傾き、病の気が生じやすくなりますから、洗面所やトイレにはマットを敷く、コンパクトヒーターを設置するなど、寒さを感じないように工夫しましょう。

スペースにゆとりがあれば、**花や観葉植物を置く**と空間に生気が満ち、気が淀みにくくなります。ただし、花瓶の水を替えるのを忘れたり、葉にホコリが積もっていたりすると、逆に運気ダウンの原因になるので気をつけましょう。

ルール6

夫婦の寝室のルール

——同じ空間で眠ることが絶対条件

「夫婦は同じ寝室で寝る」——風水では、これが夫婦であることの絶対条件です。セクシュアルな意味で言っているのではありません。**同じ空間で眠る**と寝ている間に気がつながります。これが夫婦であることの証しとなるのです。夫婦はもともと他人ですから、気がつながらなければ他人同士になってしまいます。

夫婦でひとつのベッドが理想ですが、それだとよく眠れないという人もいます。その場合は同じ空間で眠ってさえいれば、**ベッドは別々でもかまいません**。

なお、お子さんと同じ部屋で一緒に寝ているという人もいるかもしれませんが、本来は、**子どもは子ども部屋で**、**夫婦は夫婦の寝室で眠る**のが正しいあり方です。子どもが小さいうちはともかく、ある程度成長したら、親と離れて自分の部屋で眠るように習慣づけていきましょう。

ルール
7

男性の部屋のルール
――「こだわり」で運のいい空間を

男性のひとり暮らしで、最も大切なのは「こだわり」。自分の好きなことや趣味などを生活の中心に据え、それが**楽しめるような空間**をつくっていく、これが運のいい空間をつくる一番の秘訣です。

おしゃれなデザイナーズチェアなど、どうしても置きたい家具があるなら、それをインテリアのメインにするのもおすすめ。好きな絵を壁に飾りたい、コレクションしているアイテムを並べて鑑賞するためのスペースを設けたい、などというのでもかまいません。

映画が好きならリビングに大画面のテレビやオーディオを置き、シアタールームにするのも○。たとえ実生活には必要のないものでも、「これが好き」「これを部屋に置きたい」と思えるなら、それをとことん追求しましょう。

また、**イス**や**ソファ**はこだわりをもって選んで。なんとなく間に合わせで選んだイスやソファを使っている人は、仕事でも発展や成功は望めません。

加えて、男性の場合、ひとり暮らしでも家族がいる人でも、自分のスペースでは使わないほうがいい色があります。

それはピンク。ピンクは「水」の色なので、「火」の気をもつ男性がピンク色のスペースで過ごすと、常に水をかけられているような状態になり、「火」の勢いが弱まってどんどん生命力が衰えていってしまいます。

花柄やレース、フリルなども同様に男性のパワーを衰退させるので、夫婦の寝室などでうっかり使わないように気をつけましょう。

ルール
8

子ども部屋のルール
――両親の寝室より広くならないように

子ども部屋をつくるときに、一番大切なのは**部屋の大きさ**。子ども部屋が親の部屋（両親の寝室）より広くならないように気を配りましょう。

ただし、きょうだいでひとつの部屋を共有する場合はこの限りではなく、部屋のスペースを子どもの人数で割ったとき、1人分のスペースが親の部屋より狭ければ問題ありません。

きょうだいで部屋をシェアする場合は、できればパーティションやカーテンで占有スペースを区切って。「自分の空間はここ」と子ども自身が分かるようにしてあげないと、空間を支配する力が身につかないからです。それが無理でも、机やクローゼットなどはなるべく別々に。机を共有する場合は、中央に目印になるものを置くなど、**各自のスペースがひと目で分かるように**工夫しましょう。

ルール9

二世帯住宅のルール
――キッチンの「大きさ」に差をつける

親世帯と子世帯がひとつの住宅でスペースを分け合って暮らす二世帯住宅。価値観の異なる親世代と子世代が争うことなく一緒に暮らしていくためには、インテリアにも配慮が必要です。

特に大切なのが、キッチン。二世帯住宅では、各世帯にひとつずつキッチンをつくるケースが多いですが、その場合、ふたつのキッチンを同じ大きさにしてはいけません。ふたつの火が勢力争いを始め、争いが絶えなくなってしまいます。キッチンを2カ所つくるときは、**必ず大きさに差をつけましょう。**大きくするのは、その家の主となる世帯のキッチン。「主となる世帯」というのは、財政面でその家を主に支えている世帯のことです。親世帯がすでに現役を引退していて、子世帯が主に収入を担っているなら子世帯が主、親世帯がまだバリバリ働いていて、財政的にもメインであるなら親世帯が主と考えてください。キッチンの大きさを変えることが難しければ、コンロの大きさに差をつけるだけでも違います。

さらに、スペースを完全に分けて暮らしていたとしても、週に1回はどちらかの家で一緒に食事をする、お茶を飲むなどして、コミュニケーションを取るように心がけましょう。そうすることで、お互いの関係がスムーズになり、トラブルも起きにくくなります。

Chapter 7

運気を上げる「捨て方」風水

インテリア風水の基本は「引き算」。
不用なもの、活用していないものを取り除き、
新しい運を呼び込むスペースを確保しましょう。

ためこんでいる家から新しい運は生まれない

風水では、不用なもの、活用していないものは「命のないもの」つまり、死んでいるものとみなします。**使っていないものがたくさんある空間は、いわば死の空間。**風水では、死者の家、つまりお墓を陰宅と呼びますが、死んだものに囲まれた空間は、まさに陰宅そのものです。

陰の気に満ちた空間からは楽しみごとや豊かさは生じませんし、その空間で暮らしているあなたやあなたの家族の運もどんどん下がっていってしまいます。

また、すべてのものには寿命があり、特別な思い出のあるものでない限り、古くなって寿命の尽きたものからはよい気を得ることはできません。

「古いものをいつまでも大切にとっておく」ことは、運気的にはむしろマイナスなのです。

ものによっては「まだ使えるのに」「高かったのにもったいない」などと思うかもしれませんが、そのもののもつ価値がいくら高くても、それがあなたにとって必要なものであるとは限りません。どんなに高価なものでも、あなたが活用していないなら、それは「死んだもの」でしかないのです。

さらに、家の中の収納スペースは、あなたやあなたの家族の運をためておく大切な場所。そこに古いものや不用品がぎっしり詰まっていたら、新しい運が入ってくるスペースがなくなってしまいます。

運のいい空間をつくりたいなら、古いものやもう使わないものは**さっさと処分**したほうがいいのです。

もちろん、捨てるのがしのびないなら、リサイクルやバザーに出したり、フリマやオークションに出品したりしてもかまいません。ただし、「時間ができたら」「いつか出そう」としまい込んでおくのはNGです。バザーやフリマに出したい、ボランティア団体に送りたいなどと考えているなら、2週間以内に申し込みや発送を。その期日までに行動を起こせなかったら、潔く処分しましょう。

3年間着ていなかった服は処分するのが正解

衣類や下着などの布類は、「縁」をつかさどるもの。どんなにきれいな状態であっても、着ない服をいつまでもとっておくのは、縁の気を遠ざけることにつながります。実際、「出会いがない」という人に詳しく話を聞くと、**服が捨てられない性分の人**がほとんどです。

服を処分するかどうか見極めるポイントは、3年以内に袖を通したかどうか。「そのうち着る機会があるはず」と思うかもしれませんが、3年間着ていなかった服を、この先着る機会が果たしてあるでしょうか。もしあると思うなら、具体的にそのシーンを思い浮かべてみてください。「こういうシーンで着る」という明確なイメージが思い浮かばないのであれば、もう着ないと考えてもよいのでは？

そもそも、**3年間袖を通さなかった服**には、すでに布としての運はなく、今後その服を着たとしても、よい運気を得ることはできません。その点から考えても、**処分するのが正解**です。

それでもあきらめきれないなら、鏡の前で実際にその服を着てみましょう。「数回しか着ていないからもったいない」「まだ着られる」と思うなら、その服を着て出かけてみましょう。一度袖を通すことで、「なぜこれまで着なかったか」が明確になりますし、たいていの場合、「これはもう着ないかも」とあきらめがついて、迷わずに捨てることができますよ。

なお、直接肌にふれる**下着**は、服以上に**運気への影響力が大**。使い始めてから1年以上たっている下着はそろそろ捨てどきと考えましょう。下着を捨てるときは、紙袋に入れてからゴミ袋に入れ、晴れた日に捨てましょう。

思い入れのない人形やぬいぐるみは迷わず処分を

人形やぬいぐるみなど、生き物の形をしているものは、人と同じようにその空間の気を吸うので、あまりたくさん置いておくと運の妨げになってしまいます。

飾るなら、**本当に気に入ったものを1体か2体**くらいにしておきましょう。

ぬいぐるみがたくさんあって、どれも気に入っているという人は、出しておく数を決め、それ以外のものはしまっておいて、定期的に入れ替えるようにして。

そのうえで、思い入れのないものは思いきって処分することをおすすめします。

大好きな人形やぬいぐるみを処分するのは心苦しいかもしれませんが、ただゴミとして捨てるのではなく、きちんと和紙などにくるみ、**「今までありがとう」と感謝の言葉をかけて**捨てれば、魂の再生につながります。

人形やぬいぐるみを捨てるのは、**晴れた日の午前中**がベスト。布や和紙など、通気性のいい天然素材で顔の部分をくるみ、ほかのゴミとは別に紙袋などに入れて捨てましょう。人形の顔が汚れている場合は、そのまま捨てると捨てた人の容姿に影響が出てしまうので、きれいにふいてから捨てるようにしましょう。

鏡、ジュエリー、時計は浄化してから捨てる

雑貨や日用品の多くは、そのままゴミとして捨ててしまってかまいませんが、なかには手放したあと、どんな人の手に渡るかによって、自分の運気にも影響が出てしまうものがあります。

たとえば鏡は、捨てたあとで何か悪いものが映り込むと、その悪い気が自分に入ってきてしまうことがあります。ですから、鏡を捨てる場合は、**割る**、**鏡面に傷をつける**などして、映らない状態にしてから捨てるのがベストです。

とはいえ、昔ながらの鏡はなかなか割れないようにできているので、難しければ、鏡の面を重曹水でふき、布でしっかりとくるんでから捨てても◯。最後に花などきれいなものを映してから捨てるのもおすすめです。

フィルム鏡の場合は、とがったもので引っかくようにして傷をつけてから捨て

てください。

ジュエリーも持ち主の気を吸うアイテムなので、**ミントなど浄化系のお香の煙にあて**、浄化してから処分するようにしましょう。

また、時計は壊れているものなら、そのまま捨ててもかまいませんが、まだ動いているものは要注意。そのまま捨てると、次にそれを使う人と「時」をある程度共有することになってしまいます。捨てたものが誰の手に渡るか分からないので、**必ず重曹水でふいて浄化**してから捨てましょう。

思い出の品は「残す」「残さない」を選別

身のまわりのもので、最も捨てにくいのが、アルバムや子どもの作品、記念品などの「思い出の品」ではないでしょうか。これらは、「使う」か「使わない」かでいえば、圧倒的に「使わない」ものですが、それがあることで昔のことを思い出して楽しい気持ちになり、心豊かに暮らせるのであれば、とっておいてもかまいません。

ただし、「思い出」という名目で、何でもかんでも残しておくのはNG。今一度、思い出の品々をひとつずつ見直し、それは**自分にとって本当に大切なものなのか**どうか、よく考えてみてください。

大切な人からもらったものなど、ある程度の思い入れがあるものを捨てる場合は、重曹水でふいて浄化し、ほかのゴミとは分けて紙袋などに入れて捨てます。

「今までありがとう」と感謝の言葉をかけてから捨てるのがおすすめ。さほど思い入れがなく、ただ何となく捨てそびれていたものなら、ゴミとして普通に捨ててかまいません。

子どもが小さい頃の服や靴などは、ファーストシューズのように特別に思い出深いもの以外は処分を。

子どもの描いた絵や工作物などは、特にできのいいものや子ども自身が気に入っているものだけを残し、それ以外のものは処分しましょう。思い出として残しておきたいなら、**写真に撮っておく**だけで十分。撮った写真をまとめて、フォトブックにするのもおすすめです。また、残しておく作品はしまい込んでおくのではなく、額に入れて飾るなど、「優れた作品」として丁重に扱ってあげることも大切ですよ。

別れた恋人からのプレゼントは「全部捨て」が基本

別れた恋人からもらったプレゼントをいつまでももっていると、相手との縁がつながってしまうため、いつまでたっても新しい縁と巡り会うことができません。

とりわけ、ペアアクセサリーやペアカップのような、おそろいのものを互いにひとつずつもち合うペアアイテムは、相手との気のつながりを強める性質があるので、**別れたら即、捨てる**のが基本です。貴金属など高価なものは、換金するか一度溶かしてリフォームしても◯。その場合、元のアイテムがリングならペンダントにするなど、形の違うものにリフォームするのが鉄則。念がこもったアイテムなので、捨てたり売ったりする場合は、**必ず浄化してから**にしてください。

女性は自分の身につけている衣類から運を吸収するので、**服やストールなども処分**をおすすめします。

雑貨や電化製品などの実用品は、それを使ったり見たりするたびに相手のことを思い浮かべてしまうのであれば処分するのがおすすめですが、そうでなければそのままもっていてもかまいません。

また、別れた恋人の写真をとっておくのもNG。写真には「時」が宿っています。別れた相手とつき合っていたときの写真をいつまでももっていると、その「時」が今も続いていることになるため、新しい縁がやってこなくなってしまいます。ただし、相手と自分のほかに複数の人が写っている写真や、相手が自分を撮ってくれた写真であれば残しておいてもかまいません。

写真を捨てる場合は、必ず**晴れた日**に。雨の日に捨てると、縁を切ることができません。1枚なら写真の面を内側にして2つ折りにし、複数枚なら写真の面同士を合わせて、布か紙に包んで捨てましょう。

手づくり品は形を変えて再利用するのもひとつの手

人からのプレゼントには、**くれた人の念がこもります**。特に手編みのセーターや手づくりの洋服などは、つくっている間の時間も共有していることになるので、より強い念がこもっていると考えてください。

好きな人からもらう分には問題ありませんが、嫌いな人やあまりよく知らない人からもらった場合は、使ったり身につけたりせずに処分することをおすすめします。処分するのはもったいないと思うなら、**くれた人と全く面識のない相手にプレゼント**してしまうのもひとつの手。

また、ニット製品で、色合いや風合いが気に入っているなら、ほどいて編み直しても◯。ただしその場合は、元がセーターだったなら、マフラーや手袋、ポットマットなど、**形の違うものにつくり替える**ようにしてください。

フリマ、ネットオークションに出すときにすべきこと

フリーマーケットやネットオークションなど、いらなくなったものをほかの人に譲ったり売ったりするシステムは、とても便利なもの。ものを捨てるのには抵抗があるという人は、ぜひ積極的に活用してください。

不用品をフリマやオークションに出すときは、必ずきれいに洗い、衣類ならクリーニングに出して。

さらに可能であれば浄化してから出品することをおすすめします。

まず重曹水でふき、そのあとミントやひのき、セージなど、浄化系のお香の煙にあてるのがベストですが、数が多くていちいちそこまでできないなら、**お香の代わりにミント系の香りをふきかけ、日に当てるだけでもＯＫ**です。

逆に自分がフリマやネットオークションで品物を買う場合も、買ったものは必

ず重曹水でふく、日に当てるなどして浄化してから使うようにしましょう。特に食器は、使う前に**濃い塩水に1日つけておく**ようにして。

なお、鏡や財布など、前の持ち主の運気から影響を受けるようなアイテムをフリマやネットオークションで買うのはおすすめできません。売り手がどんな運気の持ち主か分からないためです。子どもは肌にふれるものから影響を受けやすいので、子どもの靴、衣類なども避けたほうが無難です。

引き出物と香典返しはどうすればいいか

結婚式の引き出物には、幸せなふたりの気が宿っているので、使うことで幸せな気をお裾分けしてもらえます。**積極的に使いましょう**。

ただし、デザインが気に入らなかったり、使いづらかったりする場合は、無理をして使う必要はありません。どなたかに差し上げるか、一度だけ使って処分しましょう。捨てる場合は白い紙に包んでゴミ箱へ。なお、そのカップルが離婚した場合は、たとえ気に入っていたとしても処分したほうが無難です。

気をつけたいのは、お葬式の香典返し。香典返しには、「陰」の気がこもっているので、その場で辞退するのがベストです。いただいてしまったとしても、使わずに処分するのがおすすめ。特にタオルやハンカチなどの布製品は陰の気がこもりやすいので要注意。処分する場合は、普通にゴミとして捨てましょう。

アイテム別・捨て方ガイド

今の自分に必要ないものを
いつ、どう捨てたらいいいか。
風水的に正しい捨て方を押さえましょう。

食器

気に入らない器で食事をしていると、食事から得られる運気が目減りします。使っていない器も、食器棚に入れっぱなしにするくらいなら処分したほうが○。自分専用のマグカップや茶碗、そのほかある程度長い間使っていた食器は、新聞紙にくるんでから金槌などで軽くたたき、少し割ってから捨てましょう。特に思い入れのない景品の器などは、そのまま捨ててしまってかまいません。

手紙、年賀状

紙類はため込むと、若さや発展の運気に悪影響を及ぼします。特に好きでもない人からもらった手紙、内容的によくない手紙は早めに処分しましょう。年賀状も特に大切な相手からもらったもの以外は捨ててOK。いつまでもとっておくと新しい運気が吸収できなくなるので、その年の立春か、遅くとも春分の日までには処分しましょう。どちらも、普通のゴミとして捨ててかまいません。

日記、スケジュール帳

過去の日記は、将来読み返したいと思うなら、電子化して現物は処分を。そうでないなら丸ごと処分してかまいません。スケジュール帳も基本的にその年が終わったら処分を。どちらもノートなら端を少し破いて、ファイルタイプなら紙を外して捨てましょう。なお、特に悪いことのあった年の日記やスケジュール帳は、シュレッダーなどで裁断し、晴れた日を選んで捨てることをおすすめします。

財布

もう使わなくなった財布は、普通にゴミとして捨ててかまいません。ただし、むき出しではなく、白い紙袋に入れる、もしくは白い紙に包んで、ひと目で財布だということが分からないようにして捨てましょう。お金は「水」にふれると増えるので、捨てるのは雨の日がベスト。きれいな川や湖に出かける機会があれば、そのそばのゴミ箱に捨てましょう。川に直接投げ入れるなどのマナー違反は絶対にNGです。

お札、お守り

お札やお守りなどは、購入してから1年ほどで効力が切れます。ですから、それ以上たったものはもっていても何の効果もありません。処分する場合は、神社で買ったものは神社に、お寺で買ったものはお寺に返しましょう。それを買ったところでなくても、近所の神社やお寺でかまいません。普通のゴミとして捨てるのは絶対にNGです。

書、絵画

書にはそれを書いた人の気や、文字そのものの言霊が強く宿るので、捨てるときは角を少しだけちぎり、気をクリアにしてから捨てましょう。絵の場合はそれほどではありませんが、先祖にゆかりのある絵やいただいた絵、10年以上家に置いてあった絵などは念がこもっているので、絵を刃物で少し切ってから捨てます。それ以外の絵はそのまま捨ててOK。

形見、遺品

悲劇的な亡くなり方をした人の遺品や形見は、使わずに処分して。宝石など高価なものは鑑定してもらったうえで売却しても○。安らかに亡くなった人の遺品や形見は使ってもかまいませんが、宝石や着物は必ずリフォームしてから身につけましょう。そこまで手間をかけられないなら、リサイクルショップなどに持ち込んでもOK。

Chapter 8

家や土地を買うときの風水アドバイス

家や土地を買うことは
人生における大きな決断のひとつです。
購入予定のある人はぜひ読んで！

家や土地を探すときの基本ルール

家や土地は、**自分の心身のコンディションがいいときに買う**というのが鉄則です。風水には「同質結集」という法則があり、心がマイナスの方向を向いているときに家探しをすると、自分と同じ方向を向いている、つまりマイナスの気を発している土地や家と波長が合ってしまうためです。

また、家を買うということは、環境にとってはかなり大きな変化です。風水では、新たな運は変化によって生じると考えられていますから、たとえば、結婚や昇進など、**よい意味で環境が変化するタイミングで家を買う**と、そのことが運気の追い風になっていきます。

ただし、妊娠しているときや家族に病人がいるときなどは、変化の気がマイナスの方向に働くこともあるので要注意。

「出産を機に家を買おう」と考えているなら、無事に子どもが生まれ、体や気持ちが落ち着いてから買うことをおすすめします。

さらに、当たり前のことですが、よさそうな物件が見つかったら、必ず自分の目で見て確かめること。それも一度だけではなく、何度か足を運ぶことが大切です。家は時間帯によって異なる「顔」をもっていますから、最初に見に行ったのが午前中なら、次は夜に、その次は午後に、というように、**異なる時間帯を選んで訪れて**みましょう。

判断の基準にするのは、そのエリアに足を踏み入れたとき、家の中に入ったときの第一印象。「なんだかいい感じ」「心地いい」と思えたら、その土地や家はよい運気をもっています。反対に、立地条件や間取りが申し分なくても、なんだか嫌な気を感じたら、その家はあなたとは「合わない」家だと思い、購入は見送りましょう。

土地を見るときに必ずチェックしたい4点

土地を見るときは、以下の4点を必ずチェックしましょう。

①湿度
②土地の高低
③周囲に緑が多いか
④周辺の環境や雰囲気

風水的には、低いところ（谷）より高いところ（丘）、湿度の高い土地より適度な湿度があり、じめじめしていない土地が好ましいとされています。坂の下にある土地や窪地、樹木が育ちにくい土地は、淀んだ陰の気をもっている可能性が高いので、避けましょう。また、近くに歓楽街や工場地帯がある場所、事件や事故が多く、すさんだ雰囲気が漂っている場所も避けるようにしてください。

なお、その**土地に昔からついている地名**は、土地の性質を分かりやすく表したものが多いので、ぜひ参考にしてください。たとえば、「○○丘」「○○坂」「○○上」などといった地名は、高い場所にあることを示していますし、「○○沢」「○○下」「○○谷」などは土地の低さを表します。ただし、新興住宅地の場合は、土地の性質とは関わりなく、イメージ先行で名づけられていることも多いので、その地名がいつごろついたものなのかを確認することも忘れずに。

また、風水では土地の形は**真四角に近ければ近いほどよい**とされています。土地を購入して家を建てようと考えている場合は、完全な真四角でなくても、できるだけそれに近い形の土地を選ぶようにしましょう。

逆によくないのは三角形の土地。風水では三角形は死を表しますから、どんなにほかの条件がよくても、三角形の土地だけは避けるようにしましょう。

お墓、火葬場、ゴミ集積場の近くは避けて

家の周囲に何があるかによっても、その家の運気は大きく変わってきます。特によくないのは、**お墓**、**火葬場**、**斎場**といった死に関わる施設。それらの隣やすぐ近くにある、あるいは窓からそれらが見える家は避けるようにしましょう。

神社やお寺なども避けたいもののひとつ。

神社やお寺は、すべてがよいパワーをもつ場所とは限りませんし、仮によいパワーのある場所であったとしても、光があるところに影が生じるように、その近くには必ず悪い気をもつ場所があります。

同じ町内にあるくらいなら問題はありませんが、寺社のすぐ隣、あるいは真裏にある土地や家は避けたほうが無難です。

案外気づきにくいため、見落としがちなのが、**ゴミ集積場**。ゴミ集積場が家の

すぐ前にあると、いくら玄関をきれいにしていても、ゴミのもつ陰の気がさっ気を招き寄せてしまいますし、自分自身もその前を通るたびに陰の気を吸収することになります。

家の前に塀の角などの「鬼角」がある家、電柱がある家も、出入りのたびにさっ気を受けるので避けましょう。

さらに、今はなくても、この先自分の生活の害になるようなものが建つ可能性もあります。家の近くに空き地がある場合は、必ず何が建つ予定なのか、チェックしておきましょう。

なお、「家の周囲」とは、自分の普段の行動範囲、もしくは歩いて行ける範囲までと考えてください。それより遠いところにあるものについては、あまり気にしなくても大丈夫です。

家の寿命はおよそ20年。リフォームで「延命」を

マンションであっても一戸建てであっても、家の寿命はおよそ20年。これは建物としての物理的な寿命ではなく、**運を生み出す場所としての寿命**です。

家は、何も手を入れずに20年以上たつと、たとえ見た目はきれいであっても「死んだ家」になり、何も生み出してくれなくなってしまいます。伊勢神宮で20年ごとに社殿を更新する「式年遷宮」が行われるのは、まさにこの理由からです。

ただし、この寿命は、**内装を新しく**する、**改築**や**増築**をするなど、建物に手を入れることで延命が可能。ですから、築年数の古いマンションや一戸建てを購入する場合は、たとえ見た目に問題がなくても、住み始める前に多少手を入れておくことをおすすめします。

特に金運を左右する水まわりは、そのまま使うと前の住人の金運をそのまま引

き継ぐことになってしまうので、ほかの部分のリフォームを後回しにしてでも、新しい設備に変えておきましょう。

また、最近では古民家を移築するなど、古い家のたたずまいをそのまま生かして暮らす人も増えていますが、その場合も、元の家にそのまま住むのではなく、外装や柱だけを生かし、それ以外の内装は大きく変えるなど、どこかに新しいものを入れるようにしましょう。

Chapter 9

幸運を呼ぶ 日取りの決め方

引っ越しや改築などで最も重要なのは日取りです。
予定のある人は日程を決める前に
必ずチェックしてください。

引っ越しや改築の日取りは「日家八門法」で

引っ越しをするときや家を建てるとき、一番大切なのは、日取りです。せっかく風水的に運のいい場所や方位にこだわって家を決めても、引っ越す日がよい日でないと、そのパワーが十分に発揮できないこともあります。

風水で使用する選日法は「日家八門法」と呼ばれるもの。干支が記された暦（カレンダー、手帳などでも）で、引っ越し予定日の干支を調べ、下記のやり方に沿って適した日を選びます。

1 新居（自宅）の座山を割り出します（86〜89ページを参照。この場合は八方位での座山を用います）。

2 暦を見て、引っ越しを予定している日の干支を調べます。

3 188〜191ページの「日家八門表」で、2で調べた干支の欄を見ます。

4 新居の座山が、表の「開門」「生門」「休門」のどれかにあり、かつ「行事別吉凶ランク表」の「移転」欄に「◎」「●」「○」のいずれかがあれば、その日は引っ越しに適した日です。

- 「日家八門法」は、引っ越しや家の新築、増改築のほか、結婚式の日取りを決めるときにも活用できます。
- 「開門」「生門」「休門」のうち、最もよいのは「開門」に座山が入るとき。続いて「生門」「休門」の順になります。
- 「開門」「生門」「休門」は上下2段に分かれています。調べたい日が冬至と夏至の間なら上段を、夏至と冬至の間なら下段を見てください。

ケース1 新居の座山が東南で、2018年5月27日に引っ越しを予定している場合

1 2018年5月27日の干支を調べます。
→この日の干支は「己未」になります。

2 「日家八門表」の「己未」の欄を見ます。

3 5月27日は「冬至と夏至の間」なので、表の上段を見ます。
→「東南」は、「生門」に当たるので、この日は吉日になります。

4 さらに行事別吉凶ランク表の「移転」欄を見ます。
→「●」がついているので、この日は引っ越しには吉日といえます。

ケース2 新居の座山が北東で、2018年9月中旬～下旬の週末に引っ越し予定の場合

1 2018年9月中旬～下旬の週末の干支を調べます。
→15日＝庚戌、16日＝辛亥、22日＝丁巳、23日＝戊午、29日＝甲子、30日＝乙丑になります。

2 「日家八門表」の庚戌、辛亥、丁巳、戊午、甲子、乙丑の欄を見ます。

3 9月は「夏至と冬至の間」なので、表の下段を見ます。
→「北東」は、庚戌、辛亥の「生門」、丁巳の「休門」にあたるので、15日、16日、22日が吉日となります。

4 さらに行事別吉凶ランク表の「移転」欄を見ます。
→「辛亥」「丁巳」の両日に「○」がついているので、16日、22日が引っ越しの吉日となりますが、どちらか1日を選ぶなら、16日に引っ越したほうが新居のパワーをもらいやすくなります。

日家八門表

結婚、移転、地鎮祭、増改築、改修、上棟式にそれぞれ適した日であるかを、表から判断しましょう。

干支	冬至と夏至の間 開門	冬至と夏至の間 生門	冬至と夏至の間 休門	夏至と冬至の間 開門	夏至と冬至の間 生門	夏至と冬至の間 休門	行事別吉凶ランク表 結婚	移転	地鎮祭	増改築	改修	上棟式	そのほかのポイント
甲子◆きのえね	北西	北東	北	東南	南西	南	○	○	○	○	○	○	
乙丑◆きのとうし	北西	北東	北	東南	南西	南	●	●	○	○	○	○	
丙寅◆ひのえとら	北西	北東	北	東南	南西	南	○	○	○	○	○	○	
丁卯◆ひのとう	南	西	南西	北	東	北東	○	○	○	○	○	○	
戊辰◆つちのえたつ	南	西	南西	北	東	北東	○	×	×	×	×	○	
己巳◆つちのとみ	南	西	南西	北	東	北東	○	●	◎	○	○	●	
庚午◆かのえうま	北東	東南	東	南西	北西	西	○	○	○	○	○	○	
辛未◆かのとひつじ	北東	東南	東	南西	北西	西	○	○	○	○	○	○	
壬申◆みずのえさる	北東	東南	東	南西	北西	西	△	△	○	△	△	△	
癸酉◆みずのととり	東	南	東南	西	北	北西	△	△	△	△	△	△	
甲戌◆きのえいぬ	東	南	東南	西	北	北西	○	○	●	○	○	●	女性が主人の場合は不可
乙亥◆きのとい	東	南	東南	西	北	北西	○	○	●	○	○	●	特に南向きの家によい
丙子◆ひのえね	西	北	北西	東	南	東南	△	○	△	×	×	×	
丁丑◆ひのとうし	西	北	北西	東	南	東南	○	●	○	○	○	●	

行事別吉凶ランク表の見方

最大級によい…◎　とてもよい…●
まあまあよい…○　できれば別の日に…△　絶対に不可…×

戊寅◆つちのえとら	西	北	北西	東	南	東南	△	△	△	△	△	△	
己卯◆つちのとう	南西	北西	西	北東	東南	東	×	○	△	△	△	△	
庚辰◆かのえたつ	南西	北西	西	北東	東南	東	○	●	×	●	●	●	
辛巳◆かのとみ	南西	北西	西	北東	東南	東	×	●	○	●	●	●	
壬午◆みずのえうま	北	東	北東	南	西	南西	○	●	●	○	○	●	
癸未◆みずのとひつじ	北	東	北東	南	西	南西	○	○	○	○	○	○	
甲申◆きのえさる	北	東	北東	南	西	南西	○	●	●	○	○	●	立秋（8／7頃）と秋分（9／23頃）は使えない
乙酉◆きのととり	東南	南西	南	北西	北東	北	●	●	●	●	●	●	
丙戌◆ひのえいぬ	東南	南西	南	北西	北東	北	△	○	△	×	×	×	
丁亥◆ひのとい	東南	南西	南	北西	北東	北	×	○	△	△	△	○	
戊子◆つちのえね	北西	北東	北	東南	南西	南	△	○	△	×	×	×	
己丑◆つちのとうし	北西	北東	北	東南	南西	南	×	○	△	△	△	△	
庚寅◆かのえとら	北西	北東	北	東南	南西	南	○	○	○	○	○	○	
辛卯◆かのとう	南	西	南西	北	東	北東	△	○	△	△	△	△	
壬辰◆みずのえたつ	南	西	南西	北	東	北東	○	○	○	○	○	○	
癸巳◆みずのとみ	南	西	南西	北	東	北東	○	○	○	○	○	○	

日家八門表

干支	冬至と夏至の間 開門	冬至と夏至の間 生門	冬至と夏至の間 休門	夏至と冬至の間 開門	夏至と冬至の間 生門	夏至と冬至の間 休門	行事別吉凶ランク表 結婚	移転	地鎮祭	増改築	改修	上棟式	そのほかのポイント
甲午◆きのえうま	北東	東南	東	南西	北西	西	○	○	○	○	○	○	
乙未◆きのとひつじ	北東	東南	東	南西	北西	西	○	○	○	○	○	○	新しいことを始めるのによい日
丙申◆ひのえさる	北東	東南	東	南西	北西	西	○	●	●	○	○	●	
丁酉◆ひのととり	東	南	東南	西	北	北西	●	◎	◎	●	●	◎	
戊戌◆つちのえいぬ	東	南	東南	西	北	北西	△	△	△	△	△	△	
己亥◆つちのとい	東	南	東南	西	北	北西	○	○	○	○	○	○	
庚子◆かのえね	西	北	北西	東	南	東南	△	△	△	△	△	△	
辛丑◆かのとうし	西	北	北西	東	南	東南	△	○	△	×	×	×	
壬寅◆みずのえとら	西	北	北西	東	南	東南	○	○	○	○	○	○	
癸卯◆みずのとう	南西	北西	西	北東	東南	東	○	●	×	●	●	●	
甲辰◆きのえたつ	南西	北西	西	北東	東南	東	○	○	○	○	○	○	
乙巳◆きのとみ	南西	北西	西	北東	東南	東	○	○	○	●	●	○	
丙午◆ひのえうま	北	東	北東	南	西	南西	○	○	○	○	○	○	
丁未◆ひのとひつじ	北	東	北東	南	西	南西	●	●	●	●	●	●	新しいことを始めるのによい日

*座山が「開門」「生門」「休門」に当たっていても、行事によっては行ってはいけないものもありますので、注意してください。

戊申◆つちのえさる	北	東	北東	南	西	南西	○	●	◎	○	○	●	
己酉◆つちのととり	東南	南西	南	北西	北東	北	○	○	●	○	○	●	
庚戌◆かのえいぬ	東南	南西	南	北西	北東	北	△	△	△	△	△	△	
辛亥◆かのとい	東南	南西	南	北西	北東	北	○	○	○	○	○	○	
壬子◆みずのえね	北西	北東	北	東南	南西	南	○	○	○	○	○	○	
癸丑◆みずのとうし	北西	北東	北	東南	南西	南	○	○	○	○	○	○	
甲寅◆きのえとら	北西	北東	北	東南	南西	南	●	●	●	●	●	●	新しいことを始めるのによい日
乙卯◆きのとう	南	西	南西	北	東	北東	●	●	●	○	○	●	
丙辰◆ひのえたつ	南	西	南西	北	東	北東	○	○	×	○	○	×	
丁巳◆ひのとみ	南	西	南西	北	東	北東	△	○	△	×	×	×	
戊午◆つちのえうま	北東	東南	東	南西	北西	西	△	○	△	×	×	×	
己未◆つちのとひつじ	北東	東南	東	南西	北西	西	○	●	◎	○	○	●	
庚申◆かのえさる	北東	東南	東	南西	北西	西	●	●	●	●	●	●	新しいことを始めるのによい日
辛酉◆かのととり	東	南	東南	西	北	北西	●	◎	◎	●	●	◎	特に地鎮祭によい日
壬戌◆みずのえいぬ	東	南	東南	西	北	北西	○	●	×	●	●	●	
癸亥◆みずのとい	東	南	東南	西	北	北西	△	△	△	△	△	△	

Column

引っ越し前、引っ越し当日にすること

引っ越しで荷物を運び入れる前に必ずやってほしいのは、床と壁の重曹ぶき。重曹水で絞ったぞうきんで、床と壁をくまなく水ぶきします。ハウスクリーニング業者に清掃を頼む場合も、これだけは業者任せにせず、必ず自分たちの手でやるようにしてください。物理的な汚れがクリアになるだけでなく、空間全体の気が清浄になります。

また、引っ越し先にガスを引くのは引っ越し当日に。引っ越し作業が済んだら、炊飯器でも鍋でもいいので、白いごはんを炊いて家族で食べましょう。昔はかまどに火を入れることが、その空間に命を吹き込む行為でしたが、今では、ごはんを炊く行為がそれにあたります。吉日（188～191ページの日家八門表参照）に引っ越しができるならその日に、それが無理なら、後日吉日に当たる日にごはんを炊いて食べることで、その日が「引っ越し」になります。それまでは麺類やパン、レトルトのごはんなどで済ませ、ごはんは炊かないようにしてくださいね。

Chapter 10

これでお悩み解決！
インテリア風水
Q&A

子どもの入学、親の介護、ペットを飼いたいetc.
インテリア風水でよくいただく
お悩みと質問に答えました。

Question 1

引っ越す予定なのですが、義母が「間取りが悪いからリフォームしたほうがいい」「今の家から引っ越すと方位がよくない」などとあれこれ口を挟んできます。どう対応すればいいでしょうか。

Answer

間取りにこだわりすぎないで。お義母さんと話し合いましょう

お義母さんは、恐らく「家相」の知識がおありなのでしょう。家相は、間取りを方位から見て吉凶を判断する考え方。元をたどれば風水の一派ではありますが、本書でご紹介しているインテリア風水とは考え方が大きく異なります。

風水では、間取りそのものにこだわるより、その間取りの家を**どう生かせ**

ば運のいい家になるかということを最優先に考えます。もちろん、間取りにもよしあしはありますが、間取りにこだわりすぎると、かえって動線が悪く、気の代謝の悪い家になってしまうこともあるからです。唯一、敷地や部屋が三角形になっている家だけは避けることをおすすめしますが、その点に問題がなく、動線にも支障を感じていないなら、さほど気にする必要はありません。

また、方位の気が影響するのは、35km以上離れたところに引っ越す場合だけ。さらに、35km以上離れた場所に引っ越す場合は、確かに方位の影響を受けますが、それを避けるためにはよい方位に一度引っ越して6カ月以上居住し、そこからまた引っ越さなくてはなりません。それなら、その費用で新居をリフォームするか、**家族で吉方位旅行**に行き、運をもらってくるほうがずっと有意義です。

お義母さんには、こういったことをきちんと説明しましょう。ご自身で言うと角が立つと思うなら、ご主人に言ってもらうのも手。「どうせ分かってもらえないから」などと決めつけるのは禁物です。最初にきちんと話をしないと、引っ越しの段になってもめることも考えられます。くれぐれも気をつけて。

Question

2

子どもはリビングで勉強させたほうが集中力が高まると聞きますが、どうなのでしょうか。

Answer

ほどよく集中できる「環境づくり」が必要です

子どもは、誰かに見られていないとなかなか勉強しないもの。自分の部屋より、他人の気配があるリビングで勉強させたほうが集中できるのは確かでしょう。

ただし、テレビの音や誰かのおしゃべりなど、耳に入って気になるような音が聞こえている状態では集中できません。

また、リビングで勉強させれば、家事の合間に勉強を見てあげることができると思われるかもしれませんが、「ながら」で子どもの相手をしていると、子ども自身も何かをしながら勉強するようになってしまいます。

つまり、子どもが勉強している間はテレビやゲーム、おしゃべりといった「音」をシャットアウトしつつ、親も家事の手を止めて勉強につき合ってあげる必要があります。

リビング学習をさせるなら、この環境を無理なくつくれることが条件です。それが難しければ、子どもも部屋で勉強させるようにしましょう。

その場合は、ドアを開けておく、30分に1回くらい部屋をのぞいて、ちゃんとやっているかどうか確認するなどして、**「見られている」ことを意識させて。**

また、子どもは無音の状態だとかえって集中力が落ちてしまいますから、どこで勉強するにせよ、インストゥルメンタルの音楽を小さな音でかけておくことをおすすめします。

Question

3

在宅で仕事をしています。家族が出かけたあと、ダイニングテーブルで仕事をしていますが、家の中に仕事専用のスペースをつくるべきなのでしょうか。

Answer

居住空間と仕事空間はしっかり分けましょう

家で仕事をしているなら、**居住空間と仕事をする空間は極力分けるべき**です。

可能であれば、ひと部屋を仕事専用のスペースにすることをおすすめします。その場合、仕事部屋の座山は居住スペースとは別に割り出し、インテリアもその座山に沿って整えます。

部屋数にゆとりがなく、仕事部屋をつくれないなら、リビングの一角をパーティションや棚、カーテンなどで区切り、そこにデスクを置いて仕事用のコーナーをつくりましょう。「ここから先は仕事場」とひと目で分かるようにすることが大切です。仕事をするときだけスリッパを履き替えるのも、オン／オフを切り替えるテクニックとして有効です。

なお、ダイニングテーブルを仕事机にするのはNG。食の空間と仕事の空間は一緒にしないほうがいいので、リビングに場所を移すようにしてください。

Question

4

在宅で親の介護をしています。病人がいるせいか、家の中が暗くなりがちで、私も気がふさいでしまいます。どうすれば気分が晴れますか。

Answer

生活に小さな楽しみを。あなたの幸せは親御さんの幸せ

在宅で介護をしている人にとって、一番大切なのは、住空間が快適であることです。介護というのは、ただでさえ大変なこと。生活にゆとりや楽しみがない状態で介護をしていると、どんどん気持ちがマイナス方向に傾いてしまいます。その負のオーラは、やがてあなたが住んでいる空間全体に広がっていきます。その影響を最も受けやすいのは、家の中で一番弱い人、つまり介護されている人です。逆にあなたが幸せなら、介護されている人もそのよい気を受けることになります。あなたが晴れやかな気持ちで幸せに暮らすことは、介護されている人にとっても幸せなことなのです。

暮らしを楽しむといっても、何から始めたらいいか分からないかもしれませんが、季節の花を買ってきて飾る、アロマディフューザーでよい香りを漂わせるなど、本当にちょっとしたことでいいのです。特に病人がいる空間では、**季節感のあるものを積極的に取り入れるように心がけて**。観葉植物の鉢を置いたり、ベッドカバーを季節感のあるものに替えたりするのも◯。

また、家の中が暗いなら、日中はカーテンを開けて日の光を入れる、電球を明るいタイプのものにするなど、できる範囲で**空間を明るくする**工夫を。カーテンの色を白やアイボリーにしたり、白い壁紙を貼ったりするのも効果がありますよ。

親御さんの枕の向きにも気を配りましょう。風水的には、ご老人や病気の人には**北枕**がベスト。活力を取り戻してほしいなら**東枕**でも◯。ただし、本人が嫌がるなら強制はせず、好きな向きに寝かせてあげてください。

Question

5

犬を飼おうと思っていますが、どんなところに気をつけたらいいでしょうか。

Answer

トイレの場所にはくれぐれも気をつけて

犬に限らず、ペットを飼うときに一番気をつけなくてはいけないのは、**トイレの場所**。リビングや玄関に置くと、そのスペース＝トイレとなり、トイレのもつ「陰」の気が漂うことになってしまいます。キッチンやダイニングなど、食に関わるスペースに置くのも絶対にNG。気の通り道である廊下も避けたほうが無難です。

一番いいのは、**人間用のトイレの中**か、洗面所のように**ドアで区切られた場所**。もしくはリビングの隣に和室や納戸があり、ドアやふすまで仕切れるようになっているなら、そこに置いてもかまいません。

どうしてもリビングにしか置けない場合は、パーティションなどで囲い、こまめにシートや砂を取り替えるようにしましょう。リビングにトイレの臭いが漂っていると運気が著しく下がってしまうので、**消臭対策**も万全に。

また、犬用のケージを玄関に置くと、家に入ってくるよい気も悪い気もすべてその犬が受けることになりますから、くれぐれも気をつけましょう。

さらに、犬がどんなにかわいくても、食卓に並んだ食べ物を犬に与えたり、同じ布団で眠ったりするのはＮＧ。ペットと人間の関係は、本来は人間のほうが上ですが、食卓や寝床を共有すると、関係が対等になってしまいます。

これは飼い主であるあなたの運気を下げるだけでなく、ペットに大きな負荷をかけることになります。また、種の違う生き物と同じ布団で寝ると、入ってくる気が混乱し、気の再生がうまくいかなくなる可能性もあります。あなたと犬、双方が幸せに暮らすためにも、ルールは守るようにしてください。

Question 6

競売物件を購入して住むことに問題はありますか。

また、買うときに気をつけたほうがいいことはありますか。

Answer

こまめな空間浄化で前の住人の気を消す

風水的には、競売物件だからよくないということはありませんが、悲惨な事故が起こった家など、明らかな事故物件は避けるようにしましょう。

また、住み始める前にトイレ、バスルームなどの**水まわりだけは必ずリフォーム**してください。

水まわりには前の持ち主の金運がそのまま宿っています。競売にかけられている物件というのは、前の持ち主が経済的に困って手放すことになったものが多いので、そのまま使うと、やがてあなたも経済的な苦境に陥ることになります。水まわりさえリフォームすれば悪いお金の流れはリセットされますから、心配いりません。

ただし、家というのは、そこに住んでいる人の気を覚える性質があります。風水ではこれを**「残留信息の法則」**と呼びますが、その家に住んでいた人がとてもいい思いをしたり、逆にとても不幸な出来事に遭ったりすると、その気が空間に残り、次にその家に住んだ人にも影響を与えるのです。特に、その家に最初に住んだ人の思いが強烈だった場合は、次に住む人にも同じことが起こりやすくなります。

競売物件の場合、前の持ち主が不幸な出来事に遭っている可能性も大いにあるので、**住み始めてから1年間**ほどは、こまめに空間浄化をして前の住人の残留信息を消していくようにしましょう。

Question

7

昔から物が捨てられないたちで、家中に物があふれています。少し整理して物を減らすべきだと分かってはいるのですが、どこから手をつけていいのか分かりません。

Answer

まずは家の中の「悪い気」を一掃しましょう

あなたの場合、自分が「捨てられないたちだ」と思っていること自体が、捨てられない原因です。そういう人は、捨て方や片づけ方を模索するより、まず「捨てられない」と思っている自分自身を変えていく必要があります。

まずは、**浄化**（212ページ参照）を3日くらい続けて行い、家の中にこもった悪い気を一掃しましょう。「捨てるべきだと分かっているのにできない」

ということは、住空間に悪い気がこびりついてしまっているせい。空間の気がクリアになれば、自然に片づけようという気持ちがわいてくるはずです。

なお、物を片づけたり捨てたりするときは、全部一度にやろうとすると挫折しやすいもの。最初は引き出しをひとつ片づけるだけでいいのです。それが無理なら、**使っていないペンを1本捨てるだけでもＯＫ**。何かひとつでも「始まり」をつくれば、それが負のパワーを払拭し、次の行動へ向かう原動力になってくれます。

また、物を分別するときは、**「いる」「いらない」「分からない」の3択**にするのがコツです。「いらない」は処分、「いる」は残しておきます。次に、「分からない」を「どちらかといえばいる」「どちらかといえばいらない」に分け、「どちらかといえばいらない」をもう一度チェックし、「いる」「いらない」の判断を。「どちらかといえばいる」についても、同じように「いる」「いらない」に分けていきます。

このやり方だと、自分にとって何が必要なもので、何がそうでないのかが明確になりやすいので、スッキリした気持ちで捨てることができますよ。

Question 8

つき合っている彼と一緒に住むことになりました。今のところまだ籍を入れる予定はありません。こういう場合、インテリアで注意したほうがいいことはありますか。

Answer

シェアハウス感覚で暮らして。週の半分は外食を

未入籍の恋人同士が一緒に暮らすこと（＝同棲）は、風水ではあまりおすすめしません。なぜなら、同棲は、必ず運気的に女性が損をするからです。同棲とは、いわばお互いが疑似家族になること。家族ができると、男性にも女性にも「土」の気が生じます。それにより、女性は未婚なのになんとなく所帯じみてしまううえ、自分の存在が不安定になるので、早く本当の家族

をもちたいという気持ちが強まります。一方、男性は「土」が生じることで安定するため、結婚して家族をもちたいという願望がなくなってしまいます。つまり、同棲によって満たされるのは男性だけ。女性は結婚願望が満たされないまま、どんどん所帯じみて老けていくわけですから、どう考えても女性のほうが損なのです。

それを承知のうえで、一緒に暮らしたい、というのであれば、せめてインテリアで「土」化を食い止める工夫をしましょう。

まず、**すべてのスペースを共有しない**こと。個室をもつのが無理ならデスクだけでもいいので、自分だけのスペースを確保しましょう。インテリアも相手の好みに合わせすぎないように注意して。食器をおそろいにするのもやめましょう。

また、毎日家で食事をするのも「土」化を促進させることになるので、週の半分は外食を。女性だからといって家事を全部引き受けるのもNGです。**スペースも家事も平等にシェア**し、シェアハウスのような感覚で暮らすよう心がけましょう。

おわりに

本書は、これまで私が出版させていただいたインテリア風水の本の、いわば集大成ともいえる一冊です。

以前出版させていただいた『幸せを呼ぶインテリア風水』が世に出たのは２００８年。それから10年がたち、その間に世の中にはさまざまな変化がありました。

たとえば収納スペース。以前はどの家にもタンスや押し入れがあったものですが、今やタンスを置いている家は少なくなり、つくりつけのクローゼットやウォークインクローゼットが主流です。和室がなく、押し入れのない家も少なくありません。

また、人々のライフスタイルも多様化しました。ひとり暮らしの割合が増え、結婚後も働き続ける女性が増加。シェアハウスのような新しい住居スタイルも生まれました。

時が流れれば、人もライフスタイルも進化します。

それに合わせて、インテリアも進化していかなくてはなりません。

「今の時代に合った、どんなライフスタイルの人にも対応できるインテリア風水の本をつくりたい！」

そんな気持ちから生まれたのが、本書です。

これまで私が出版した本でご紹介した内容に新たな記述を加えて構成し直し、今の時代に合わない内容はすべて書き直しました。さらに、コラムやQ＆Aなど、多くのページを書き下ろしています。

〝運のいい家〟をつくりたいけれど、どこから手をつけたらいいかわからないという方、今の家をもっと心地よくしたいと考えている方、そして、これから新生活を始めるという方、どんな方にも必ず役に立つ一冊になっていると思います。

この本がみなさまの暮らしをより豊かに、より幸せなものにしてくれることを、心より願っています。

２０１８年７月

李家幽竹

Column

新しい家に住む前に！
空間を浄化する方法

新しい家に住み始める前や何かよくないことが起こったとき、運を変えたいときは、この方法で空間浄化をしましょう。また、掃除が終わったあとにも浄化を。悪い運が空間に定着しづらくなります。

1 小皿にお香を立て、部屋の四隅に置く

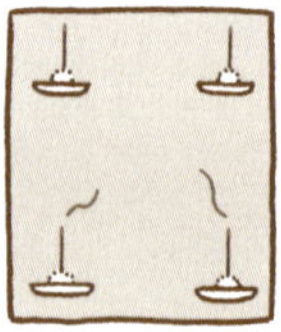

小皿を4枚用意し、それぞれに塩を盛って、お香または線香を1本（もしくは奇数本）立てる。お香はシトラス系、またはユーカリなどグリーン系のものを。お香をたいたら、部屋の四隅に置く。テレビやオーディオは消して部屋のドアを閉め、窓を少しだけ開けて部屋の中央に立つ。

↓

2 空気を切る（9回）

自分が何となく気になる方向を向いて立ち、人差し指と中指をそろえて刀のように振り下ろし、空気を切る。同じ動作を9回繰り返す。

↓

3 小皿を回収する

部屋から出て、お香が燃え尽きた頃（15～20分後）に戻り、皿を回収する。残った塩は水に流す。皿は食事用の器とは別にして、食器棚の上など高いところに収納を。

巻末特典

方位&部屋別おすすめプラン

まずはChapter4で割り出した「座山」から導き出される色やテイストで家全体のインテリアを整えて。

そのうえで「もっと運気を上げたい」と思ったら、ここで紹介する各部屋の方位別アドバイスに沿って小物などを足していきましょう。

方位別ポイント

… 1 …

Entrance

玄関

北

冷えやすいので暖かく明るく！

「水」の方位。この方位にある玄関は冷えやすいので、玄関マットを毛足の長いものにするなどの気配りを。暗いのも運気ダウンにつながるので、照明は明るめに。玄関の外に常夜灯をつけておくと、より効果的です。フロストガラスの花器に花を生けたり、曲線的なフォルムの雑貨を飾ったりすると、より運気が充実し、旺気が入ってきやすくなります。

北東

こまめに掃除・換気を

「土」の気をもつ方位。この方位は不浄をことのほか嫌うので、こまめに掃除をして常に清浄を保ちましょう。たたきは毎日水ぶきし、湿気や臭いがこもりやすいげた箱は、定期的に扉を開けて掃除と除菌、換気を。さらに、同じデザインで大きさの違う花器や季節感のある雑貨など、「変化」を感じられるものを飾ると、旺気が増えやすくなります。

東

流行を取り入れてモダンな雰囲気に

若さや流行をつかさどる「木」の方位です。相性がいい素材は、ナチュラルな木やコットン、リネン。「時」も「木」の象意なので、流行のテイストや色づかいを取り入れてモダンな雰囲気にしていきましょう。よい音がよい気を呼び込むので、ウインドチャイムをドアにかけたり、オルゴールを置いて出かけるときに鳴らしたりするのもおすすめです。

東南

香りが運気のカギ！

「木」と「風」の気をもつ方位。この方位にある玄関は、「香り」が運気のカギを握ります。アロマディフューザーなどでよい香りを常に漂わせておきましょう。おすすめはオレンジやグレープフルーツなど、シトラス系の香り。さらに、一輪でもいいので花を飾っておくと旺気を増幅してくれます。玄関マットは風の気が生じやすいフリンジつきのものを選んで。

方位別ポイント

… 1 …

Entrance

玄関

南

センスのいい部屋づくりを

美しさをつかさどる「火」の方位。壁に飾り棚を取りつけて季節の雑貨を飾るなど、センスのいい、おしゃれな空間づくりを心がけましょう。「光」を取り入れることで旺気が増えるので、クリスタルガラスの置物を飾ったり、カッティングガラスの花器に花を生けたりするのも◎。鉢植えの観葉植物を置くと、さらに旺気が入ってきやすくなります。

南西

床を毎日水ぶきしましょう

「土」の気をもつ方位。この方位にある玄関は、床をきれいにしておくことが何よりも大切です。玄関のたたきは毎日水ぶきを。特に四隅に悪い気がたまりやすいので、隅々まできちんとふくようにしましょう。また、不要なものをためこむと気が滞ります。使わない傘や履かない靴は処分して。玄関マットは縁がパイピングされたものがおすすめです。

西

丸みのあるもの・上質なものを

「金」の気をもつ方位。玄関マットを楕円形のものにする、丸い形のサブライトを置くなど、丸みのあるものを積極的に取り入れると、「金」の気が増えていきます。白い陶器の花器に花を生けるのもおすすめ。また、上質なイメージのインテリアが運気アップにつながる方位なので、チープなイメージの小物などは置かないように気をつけましょう。

北西

ハイグレード感重視で

「金」の気をもつ方位。この方位にある玄関はグレード感が大切です。玄関マットやスリッパは上質な素材のものを選び、品のある花器に花を生けてハイグレード感を演出しましょう。インテリアのイメージはクラシックモダンが◎。ポップなテイストのもの、質感がチープなものは置かないようにして。雑貨を飾る場合は、クラシカルで上品なものを選びましょう。

方位別ポイント

… 2 …

Kitchen

キッチン

北

シンクの水あかに気をつけて

「水」の気をもつ方位なので、水まわりに気を配って。特にシンクが水あかで汚れていると、お金が知らない間に流れていきやすくなります。冷蔵庫の中に賞味期限切れの食品を入れておくのも金運ダウンのもと。キッチンのインテリアは白をベースにし、ホーローや木製のアイテムを積極的に取り入れましょう。キッチン雑貨の色はピンクやクリームが◎。

北東

収納しやすいアイテムを選ぶ

「土」の気をもつ方位。収納の使い勝手のよしあしが運を大きく左右します。ボウルや鍋は入れ子にできるものを選ぶなど、アイテム選びにも気を配りましょう。ものがたまりやすい方位なので、食品ストックはまめにチェックし、買いすぎないように注意して。また、コンロまわりはいつも清浄を保ちましょう。キッチン小物は白でスッキリと統一して。

東

キッチンタイマーで運気アップ

「木」の方位。乾物やパスタなど、乾燥した食品をため込まないようにしましょう。古くなった乾物は早めに処分を。インテリアは使い勝手のよさを重視して。「ｓａｌｔ」「ｓｕｇａｒ」など、食品名の入った雑貨を使ったり、キッチンタイマーを活用したりすると運気がアップします。ペールブルーやライムグリーンを小物に取り入れるのも◎。

東南

生ゴミの臭い対策は万全に

「木」と「風」の気をもつ方位です。運気を左右するポイントは「香り」。特に生ゴミの臭いは金運に悪影響を与えます。ゴミ箱はフタつきのものにし、生ゴミは新聞紙で包んで捨てる、肉や魚のパックは洗ってから捨てるなど、臭い対策に気を配りましょう。カゴを収納に使ったり、ミントグリーンをアクセントカラーとして使ったりすると運気アップ。

方位別ポイント

… 2 …

Kitchen

キッチン

南

白いインテリアや陶器で「火」を中和

「火」の方位。キッチンのもつ「火」の気が強まりやすいので、白系のインテリアで抑えましょう。白い陶器やタイルを取り入れるとより効果的です。リーフモチーフを取り入れるのも◎。また、この方位のキッチンは、「美しさ」も重要なポイント。オープン収納などを上手に使い、人に見られることを意識したおしゃれなインテリアを心がけましょう。

南西

見える収納が効果的

「土」の気をもつ方位。この方位は、インテリアの統一感と使い勝手のよさが運の決め手になります。キャニスターや収納ボックスにラベルを貼るなど、収納の「見える化」を心がけましょう。また、吊り戸棚の上段や食器棚の上など、高いところに使わないものを入れていないかもチェックして。クリームイエローやライトグリーンを小物に取り入れると◎。

西

カラフルなホーロー鍋を置いて

「金」の気をもつ方位。この方位のキッチンはきちんと整えておかないとお金が出ていくだけでなく、太りやすくなってしまうので要注意です。「火」が過剰になると運気が落ちるので、白系の色を使い、タイルやテラコッタで「火」を中和しましょう。カラフルなホーロー鍋やおしゃれなコーヒーポットなど、「あるとうれしい」アイテムを置くと金運アップ。

北西

作家ものの器などこだわり重視で

「金」の方位。スッキリとした統一感のあるインテリアが運気アップの決め手です。色使いはできるだけ統一して。グレード感も大切なので、チープなものはなるべく置かないようにしましょう。高級ブランドの食器や作家ものの器を使うなど、食器にこだわるのも◎。アイボリーやクリーム（色）を小物に取り入れたり、丸い形の雑貨を置いたりすると、運気がグンとアップします。

方位別ポイント

… 3 …

Dining Room

ダイニング

北

角の丸いテーブルを選んで

「水」の方位。この方位のダイニングは、寒さや冷たさを感じないことが大切です。メインカラーは暖色系にし、ダークな色はなるべく避けて、明るく、温かみのある色合いでまとめましょう。テーブルは楕円形か、四角なら角が丸くなっているものを選んで。小物類はシャープなデザインのものを避け、丸みのあるやわらかいイメージのものを選びましょう。

北東

食器棚は常に整理整頓！

「土」の気をもつこの方位は、ことのほか不浄を嫌うので、換気をまめにして食べ物の臭いなどがこもらないように気をつけましょう。また、食器棚の中がごちゃごちゃしていると運気が下がってしまいます。引き出しの中など見えない部分もきちんと整理整頓を心がけましょう。物が多く、ごちゃついて見える場合は壁面収納にするのもおすすめです。

東

木製のインテリアとの相性◎

この方位は、若さや時をつかさどる「木」の気をもっています。トレンドを取り入れた、ナチュラルな雰囲気のインテリアが運気を呼ぶので、テーブルはナチュラルな木製が◎。また、いい音を吸収しながら食事をすると運気を取り入れやすくなるので、食事どきにBGMを流すのもおすすめです。テレビのワイドショーなど、悪い言霊はできるだけシャットアウトして。

東南

ラタン製のランチョンマットを

「木」と「風」の気をもつ方位。無塗装の木やラタンなど、空気や風を通す素材を積極的に取り入れましょう。ラタン製のランチョンマットを使うのも◎。布製ならコットンがおすすめです。キッチンから流れてくる臭いにも気を配って。また、イスの座り心地をよくすることも大切です。座面がかたい場合はクッションやチェアパッドを敷きましょう。

方位別ポイント

… 3 …

Dining Room

ダイニング

南

大きめのダイニングテーブルを

「火」の気をもつ方位です。この方位のダイニングは、クール&モダンな雰囲気にするか、ナチュラルな雰囲気にするかのどちらかがおすすめ。どちらにしてもダークカラーは避け、明るめの色合いでまとめましょう。ダイニングテーブルはスペースにゆとりがあれば少し大きめを選びましょう。ゆったりと座ってくつろげる環境をつくることが運気アップの秘訣です。

南西

ゆったり座れるイスが運の決め手

「土」の気をもつ方位です。この方位はイス選びが運気アップのカギ。テーブルより、まずゆったりと落ち着いて座れるイスを探しましょう。高さはやや低めがおすすめ。足がぐらつかず、安定しているものを選びましょう。フレンチカントリー、アジアン、モロッカンなど、郷土色のある家具、ファブリック類を取り入れるのも運気アップにつながります。

西

テーブルは楕円形がおすすめ

「金」の気をもつ方位。「金」の気は丸い形を好むので、テーブルは楕円形がおすすめです。四角いテーブルを使う場合は、テーブルの中央に楕円形のマットを敷くか、ランチョンマットを楕円形のものにしてみましょう。また、食器類は上質なものを使い、テーブルコーディネートにこだわって。しまい込んである高級ブランドの食器があればこの機会にぜひ普段使いに。

北西

箸置きなど小物にこだわって

「金」の気をもつ方位です。この方位にあるダイニングでは、テーブルセッティングにこだわると食事から運を吸収しやすくなります。特に、季節ごとに違う箸置きを使う、カトラリーをワンランク上のものにするなど、食卓の小物にこだわると運気アップ。テーブルや食器棚はクラシカルなデザインより、ナチュラル、もしくはモダンなものを選びましょう。

方位別ポイント

… 4 …

Living Room

リビング

北

床は毎日掃除機をかけて

「水」の気をもつ方位。この方位は寒いと運気が下がるので、モコモコしたラグを敷く、床暖房にするなど、いつも暖かくするように心がけましょう。インテリアも温かみのある色合いでまとめて。また、悪い気は床から上がってくるので、ラグはこまめに洗濯し、床は毎日掃除機をかけましょう。特にカーペット敷きの場合、ホコリがたまりやすいので気をつけて。

北東

四角ばった印象の家具がおすすめ

「土」の気をもつ方位。ことのほか不浄を嫌う方位なので、空気清浄機を置き、いつも空気を清浄にしておきましょう。掃除もこまめに行って。インテリアはスクエアなイメージのものを積極的に取り入れましょう。特に天然木で四角ばった印象の家具がおすすめです。さらに、同デザインでサイズ違いの雑貨を飾ると、空間によい変化が生じやすくなります。

東

季節感のある雑貨で運気アップ

「木」の気をもつ方位です。この方位のリビングは、トレンドを意識したモダンテイスト、またはナチュラルテイストのインテリアがラッキーです。おすすめの素材はナチュラルな木、コットン、リネンなど。「時」をつかさどる方位なので、季節感のある雑貨を飾るとより運気がアップします。オーディオやスピーカーなど、「音」にこだわるのも◎。

東南

ナチュラルで風通しのよい素材を

「木」と「風」の気をもつ方位。この方位のリビングは、風通しをよくし、ホコリをためないことが開運の秘訣です。家具はラタンや無塗装の木など、ナチュラルで風通しのよい素材を積極的に取り入れて。また、香りが運を左右する方位でもあります。ペットの臭いや部屋干しの洗濯物の臭いなど、不快な臭いを漂わせないように気をつけましょう。

方位別ポイント

… 4 …

Living Room

リビング

南

窓や鏡はこまめに磨いて

「火」の気をもつ方位です。この方位のリビングは、とにかくセンスのよさが決め手。自分のインテリアセンスに自信がないなら、インテリア雑誌をお手本にしておしゃれな空間をつくりましょう。また、窓ガラスや鏡はこまめに磨いていつもピカピカに。カッティングガラスの小物を窓辺に置くのも◎。自分の目に入るところを特にきれいにしておくことも大切です。

南西

ロータイプのソファがおすすめ

「土」の気をもつ方位です。この方位では、高い位置より低い位置のほうが運を取りやすいので、ソファはロータイプがおすすめ。座り心地のよいクッションや足触りのいいラグを置いて、床でくつろぐ生活を楽しむのも◯。また、「郷土色」がキーワードなので、和やエスニック、フレンチカントリーなど、どこかの国をイメージした空間づくりを。

西

丸みを帯びた家具をチョイス

「金」の気をもつこの方位では、猫脚のチェストやイスなど、丸みを帯びた家具を積極的に取り入れましょう。特にイスやクッションなど、「座る」ものを丸い形にすると運を取り込みやすくなります。楕円形のローテーブルを置くのも◯。また、おしゃれなデザインのボードゲームをインテリアの一部として取り入れるなど、リビングを楽しい空間にする演出も大切です。

北西

高級感あるインテリアがポイント

「金」の気をもつ方位です。ポイントは「高級感のあるインテリア」。クラシカルなデザインの家具や、デザイナーズ家具などを置き、ハイグレードな雰囲気をつくりましょう。おしゃれなデザインのイスを飾りとして置いたり、壁に飾り棚をつけたりするのも効果的。また、サテンシルクなど高級感のある生地をクッションカバーに取り入れるのもおすすめです。

方位別ポイント

… 5 …

Bed Room

寝室

北

防寒に気を配って抱き枕もおすすめ

「水」の気をもつ方位です。寝室のもつ「水」の気がより強まるので、防寒に気を配りましょう。インテリアは暖色系中心の温かみのある雰囲気に。冬はタイマーであらかじめ部屋を暖めておきましょう。また、眠る前にゆったりした音楽をかけるなど、リラックスして眠れる環境づくりを。ふわふわした手触りの抱き枕と一緒に眠るのもおすすめです。

北東

空気清浄機はマストアイテム

「土」の気をもつ方位。この方位の気はわずかでも汚れがあると、その汚れにすぐ染まってしまいます。特に空気が汚れていると運気が落ちるので、空気清浄機はマストアイテム。整理整頓を心がけ、いつも空間をスッキリさせておくことも大切です。インテリアは白ベースでまとめ、清潔感のある雰囲気に。シーツや枕カバーはこまめに洗濯しましょう。

東

シーツや枕カバーはこまめに洗うこと

「木」の方位。肌にふれるものから運気を吸収するので、上質なコットン、リネンなど、肌触りのいい天然素材のベッドファブリックを使いましょう。シーツや枕カバーはこまめに洗い、代謝をよくして。季節ごとにカバー類を替えると運気が活性化します。時をつかさどる方位でもあるので、時計は正確なものを。電波時計にするのもおすすめです。

東南

ベッドの上に偶数個のクッションを

「木」と「風」の気をもつ方位です。ポイントは、「風通し」と「香り」。毎朝、短時間でいいので窓を開けて空気の入れ換えをしましょう。ファブリック類もリネンなど風通しのいい素材を選び、ベッドの上にはクッションを偶数個置きましょう。ラタン製の家具を置いたり収納にカゴを使ったりするのもおすすめです。さらに、アロマディフューザーなどでよい香りを漂わせて。

方位別ポイント

… 5 …

Bed Room

寝室

南

寝る30分前にはパソコンの電源オフ

「火」の気をもつ方位です。この方位にある寝室では電磁波の影響を受けやすいので、眠る30分前にはパソコンやタブレットの電源を切り、テレビも消して。インテリアは雑誌をお手本にするなどしてセンスよくまとめましょう。また、起きてすぐに目に入るものの影響を受けやすいので、ベッドサイドは常に整頓し、グリーンなど生気のあるものを置いておきましょう。

南西

ベッドは低めのものを選んで

「土」の気をもつ方位です。低い場所に運気があるので、ベッドを買い替える場合は低めのものを選びましょう。枕やマットレスは自分に合うものを吟味して。また、インテリアのテイストがバラバラだと運気が失われるので気をつけましょう。なお、男性は枕を東向きにしないと生気が失われていきます。どうしても東が無理なら北向きにして。

西

シルクのパジャマはラッキーアイテム

「金」の気をもち、豊かさを表す方位。猫脚のクラシカルな家具、上品なヨーロピアンテイストのベッドファブリックなど、豊かさを感じさせるアイテムを取り入れましょう。シルクのパジャマやベッドファブリックも豊かさを増やしてくれるラッキーアイテムです。また、スイーツの形のクッションなど、遊び心のあるものを置くのも運気アップにつながります。

北西

ファブリック類は上質なものにして

「金」の気をもつ方位です。インテリアのキーワードは「上質」。特に肌に直接ふれるベッドファブリックはシルクやシルク混、エジプト綿など、肌触りのいい上質なものを使いましょう。布団が重いのも運を落とす原因になるので、上質な羽布団などなるべく軽いものを選んで。チープな雑貨は置かずに、目覚まし時計も見た目や音が安っぽくないものを使いましょう。

方位別ポイント

… 6 …

Bath Room

バスルーム・洗面所

北

シンクはいつもピカピカに

「水」の気をもつ方位です。この方位にあるバスルームや洗面所でカビなどの雑菌を繁殖させると、悪い「水」の気が強まるので、除湿、除菌を徹底しましょう。入浴後はバスルーム内の水気をふき取り、換気扇を回してよく乾燥させて。浴室乾燥機があればぜひ利用してください。バスルームや洗面所が寒い場合は、ミニヒーターを置くなどして暖かくしましょう。

北東

珪藻土マットがおすすめ

「土」の方位。北東の気は不浄を嫌うので、カビなどの菌にはくれぐれも気をつけて。バスマットは菌が繁殖しにくい珪藻土がおすすめです。コットンのマットなら、こまめに除菌スプレーを吹きかけて。タオルやバスグッズなどは浄化カラーの白で統一しましょう。また、定期的にバスルームや洗面所の壁を重曹水でふくと、悪い気が浄化されます。

東

音楽を聴きながら入浴を

「木」の方位。この方位にあるバスルームでは、音楽を聴きながら入浴するのがおすすめ。防水スピーカーでスマホの音楽を流したり防水機能つきのラジオを持ち込んだりするのも○。また、バスグッズにカビやぬめりがついていると運気が大きくダウンします。シャンプーボトルの裏など、目につかない場所もこまめに洗うようにしましょう。

東南

よい香りの入浴剤を使うのも◎

「木」と「風」の気をもつ方位。この方位では、「香り」にこだわると運気アップ。ルームスプレーなどでバスルーム内によい香りを充満させてから入浴するのがおすすめです。よい香りの入浴剤を使うのも◎。その一方で、カビや雑菌の臭いがすると途端に運気が落ちるので、残り湯はなるべくためず、風通しをよくして常に乾燥させておくようにしましょう。

方位別ポイント

… 6 …

Bath Room

バスルーム・洗面所

南

残り湯をためたままはNG

「火」の方位。悪い「水」や「火」の影響を受けやすいので、入浴後に残り湯をためたままにしておくのはNG。どうしてもためておきたいなら、風呂水用の清浄剤を入れるなど、水を清浄に保つ工夫をしましょう。またプラスチック製品は悪い「火」の気を強めてしまうので、なるべく使わないようにしましょう。掃除用の洗剤も天然素材のものを選んで。

南西

シャンプーのストックは適量で

「土」の気をもつ方位です。この方位は収納がごちゃごちゃしていると運気が落ちるので、洗面所の収納スペースはきちんと整頓しておきましょう。特にシャンプーや洗剤のストック管理がカギ。安いからといって大量に買い置きすると、収納スペースに収まりきらず、管理も行き届かなくなります。必要な量だけを買い、出しやすい場所に収納するように心がけて。

西

本を読むなど楽しいバスタイムを

「金」の気をもつ方位。この方位では、本やマンガを読みながら入浴する、バスルームにかわいい雑貨を置くなど、「楽しみごと」を取り入れることで運気が豊かになります。タブレットを持ち込んで、ドラマや映画を見ながら入浴してもＯＫ。遊び心のあるデザインのソープディッシュなどを使うのもおすすめです。入浴剤を何種類か常備して、その日の気分で選ぶのも◎。

北西

タオルやマットは高級感あるものを

「金」の気をもつ方位です。上質なものが運気を呼ぶ方位なので、バスルームや洗面所に置くものは素材感にこだわって。タオルやマット類はホテルのバスルームをお手本にし、上質で高級感のあるものを選びましょう。シャンプーやボディソープは、高級感のあるおしゃれなボトルに詰め替えて。体を洗うボディタオルなどは、くたびれてきたら早めに買い替えを。

方位別ポイント

… 7 …

Toilet

トイレ

北

ピンクやエメラルドグリーンのマットを

「水」の気をもつ方位。この方位にあるトイレは、寒いと運が落ちるので、暖色系のカラーで温かみのある雰囲気をつくりましょう。トイレマットも毛足の長い暖かいものに。トイレそのものが寒い場合は、ミニヒーターを置いて暖かくしましょう。タオルやマットの色はピンク、エメラルドグリーンなどがおすすめです。天然の花の香りを漂わせるのも◎。

北東

インテリアは白ベースに

「土」の方位。この方位では、あらゆるものが清浄でないと運がもらえません。小さい空気清浄機を置くか、無理なら炭などで空気をきれいにしましょう。インテリアは白ベースにし、掃除はこまめに。使うたびに掃除をするくらいの心構えが必要です。使用後に水を流したあと、重曹をふり入れてもう一度流すと、たまっている悪い気が流れます。

東

美しい写真を壁に飾って

「木」の方位。「時」をつかさどる方位なので、インテリアはおしゃれでモダンなイメージに。古くさい印象にならないように気をつけましょう。ラッキーアイテムは写真。花や風景など、美しいと感じる写真をフレームに入れて壁に飾りましょう。掃除をするときは、タンクの裏や収納棚の上など、見えないところのホコリに注意して。水耕栽培のグリーンを置くのもおすすめ。

東南

消臭を徹底して天然のよい香りを

「風」と「木」の気をもつ方位。香りが運のカギを握るので、臭いをこもらせないように気をつけて。芳香剤でごまかすのではなく、消臭対策を万全にしたうえで、天然のよい香りを漂わせましょう。トイレ用品の収納にはカゴを活用して。グリーンを飾るとさらに成長の運気がアップします。インテリアカラーはミントグリーンやコーラルピンクがおすすめ。

方位別ポイント

… 7 …

Toilet

トイレ

南 プラスチックやアクリルは極力避けて

「火」の方位。この方位のトイレは、気が滞らないように換気に気を配りましょう。インテリアは白、またはグリーン系のカラーを中心に。悪い「火」の気を発するプラスチックやアクリルのアイテムは極力使わないようにしましょう。カッティングガラスの置物や水晶などの天然石を飾ると、気が活性化しやすくなります。天然石は手を洗うついでにときどき水洗いして。

南西 トイレマットはこまめに洗濯を

「土」の気をもつ方位。この方位では便座に座ったときにおしりがヒヤッとしないように気を配りましょう。床にマットを敷く場合はこまめに洗濯をして、いつも清潔にしておいて。マトリョーシカやエスニック風の雑貨など、郷土色のあるものを飾るのもおすすめです。インテリアカラーはパステルイエロー、ライトグリーン、コーラルピンクが◎。

西

排水管など見えない場所もお掃除を

「金」の方位。この方位のトイレは、こまめに掃除をすることが大切。特に手洗いシンクに水あかがつくと運気がダウンします。また、臭いが金毒を生むので、臭い対策にも気を配りましょう。排水管など見えない場所も定期的に掃除を。ときどき壁を重曹水でふくのも浄化効果があります。マットやスリッパは柔らかい肌触りのものを選ぶと運気アップ。

北西

常に暖かくしておくことがポイント

「金」の気をもつ方位。この方位のトイレは白ベースのインテリアでスッキリと整えましょう。差し色としてライラックピンクを加えるのもおすすめです。また、トイレを冷やすと主人のステータスが下がってしまうので、足元に小さなヒーターを置くなど、常に暖かくしておきましょう。雑貨を飾るならクリスタルガラスなど高級感のあるものが◎。

方位別ポイント

… 8 …

Children's Room

子ども部屋

北

男女ともに水色はNG

「水」の方位。落ち着いて勉強するのには向いていますが、陰の気が強いので、おとなしい子になりがちです。明るめの色を使い、冬はモコモコしたラグを敷くなど、温かみのある雰囲気に。カッティンググガラスの置物を置いて陽の気を拡散するのも効果的です。おすすめの色は、女の子ならピンク、男の子はライトグリーン。どちらも水色はNGです。

北東

収納家具は扉つきのものを

「土」の方位。不浄を嫌う方位なので、部屋が散らかっているのは絶対にNG。子どもが自分で掃除しようとしないなら、親がある程度手伝ってあげましょう。収納家具はオープンタイプより扉つきが◎。また、空気清浄機はマストアイテムです。インテリアカラーは、白ベースに女の子ならサーモンピンクやオレンジ、男の子ならグリーン系をプラス。

東

目覚まし時計は「いい音」で選んで

「木」の方位。家具の色や素材を統一することが運気アップにつながります。おすすめは成長や発展の運気を増幅してくれるナチュラルウッド。また、不快な音を聞くと悪いことが起こりやすいので、目覚まし時計はアラーム音の響きにこだわって選びましょう。インテリアカラーはパステルグリーンやペールブルー、女の子ならパステルオレンジが◎。

東南

カゴ収納で運気アップ

「風」と「木」の気をもつ方位。この方位では、風通しのいい空間をつくることが何より大切です。風が通らない場合は、サーキュレーターで風を送りましょう。女の子はかわいらしく、男の子はさわやかなイメージのインテリアに。無塗装の木を使った家具を置いたり、収納にカゴを活用したりすると運気がアップします。季節の雑貨を飾るのもラッキー。

方位別ポイント
… 8 …
Children's Room

子ども部屋

南

ゲーム機や電子機器は置かない

「火」の方位。強すぎる「陽」の気を抑えることが一番のポイントです。鏡、窓など、姿を映し出すものをピカピカに磨き、おもちゃや本などはこまめに整理整頓しましょう。子ども部屋にゲーム機などの電子機器を置かないことも大切です。インテリアは白ベースでナチュラルな雰囲気に。さらに、定期的に重曹水で床をふくと悪い気を浄化できます。

南西

かわいい形のクッションで上昇気流に

「土」の方位。この方位にある子ども部屋では、子ども用のイスやかわいい形のクッションを置くなど、座る環境を楽しくしてあげると、上に向かう気が育ちます。また、男の子はパワーダウンしやすいので、東枕になるようベッドの向きを調整して。それが難しければ、観葉植物を置くなどして、気を上に向かわせましょう。女の子は刺繍アイテムを取り入れるのも◎。

西

東側には光るものや音の出るものを

「金」の方位。この方位は、子どもが怠け者になりやすいので気をつけて。机は北側に置き、部屋の東側に光るものや音の出るものを置きましょう。また、丸いクッションやボール形のライトなど、丸い形のものを置き、空間全体を優しいイメージで整えると楽しみごとに恵まれます。インテリアは白ベースで上品な雰囲気に。北欧風のインテリアにするのもおすすめです。

北西

天然石を置くなどして環境を整えて

「金」の気をもつ方位。この方位に子ども部屋を配置すると、知らないうちに子どもに負担がかかりやすくなるので、環境を整えて負担を軽減しましょう。家具やファブリック類は子ども用だからと安物で済ませず、上質なものを選んで。天然石を飾るのもおすすめです。インテリアカラーはクリームやアイボリー、エメラルドグリーン、女の子ならピンクもラッキー。

［著者］
李家幽竹（りのいえ・ゆうちく）
韓国・李朝の流れをくむ、ただ一人の風水師。「風水とは、環境を整えて運を呼ぶ環境学」という考え方のもと、衣・食・住、行動全般にわたる様々な分野でアドバイスを行っている。女性らしい独自のセンスで展開する風水論は幅広い層に支持されている。現在、テレビ・雑誌を中心に、鑑定・講演・セミナー等でも活躍中。また近年では、一般社団法人風水アロマ認定学会の代表理事を務め、風水アロマセラピストの育成に励んでいる。
主な著書に、『ナンバー１風水師が教える運のいい人の仕事の習慣』『改訂新版　絶対、運が良くなる旅行風水』『絶対、運が良くなるパワースポット』『絶対、お金に好かれる！金運風水』（以上、ダイヤモンド社）、『おそうじ風水』『運がよくなる 風水収納＆整理術』（以上、PHP文庫）、『最強 パワーストーン風水』（秀和システム）、『李家幽竹の開運風水』『九星別365日の幸せ風水』シリーズ（以上、世界文化社）など多数。
オフィシャルウェブサイトでは会員限定の風水コンテンツを配信中。

ウェブサイト　https://yuchiku.com
Facebook　https://www.facebook.com/yuchiku.rinoie
Instagram　https://www.instagram.com/yuchikurinoie
Twitter　https://twitter.com/rinoieyuchiku

絶対、運が良くなる！ インテリア風水

2018年８月22日　第１刷発行
2021年５月28日　第７刷発行

著　者――――李家幽竹
発行所――――ダイヤモンド社
〒150-8409　東京都渋谷区神宮前6-12-17
https://www.diamond.co.jp/
電話／03･5778･7233（編集）　03･5778･7240（販売）
編集協力――――木村涼子、佐藤和子
イラスト――――楠木雪野
装丁・本文デザイン・本文DTP―新井大輔、中島里夏（装幀新井）
製作進行――――ダイヤモンド・グラフィック社
印刷――――加藤文明社
製本――――ブックアート
編集担当――――和田史子

ISBN 978-4-478-10419-4